Les jeunes dans la région MENA

COMMENT LES FAIRE PARTICIPER

Cet ouvrage est publié sous la responsabilité du Secrétaire général de l'OCDE. Les opinions et les interprétations exprimées ne reflètent pas nécessairement les vues officielles des pays membres de l'OCDE.

Ce document, ainsi que les données et cartes qu'il peut comprendre, sont sans préjudice du statut de tout territoire, de la souveraineté s'exerçant sur ce dernier, du tracé des frontières et limites internationales, et du nom de tout territoire, ville ou région.

Merci de citer cet ouvrage comme suit :
OCDE (2017), *Les jeunes dans la région MENA : Comment les faire participer*, Éditions OCDE, Paris.
http://dx.doi.org/10.1787/9789264278721-fr

ISBN 978-92-64-27871-4 (imprimé)
ISBN 978-92-64-27872-1 (PDF)

Les données statistiques concernant Israël sont fournies par et sous la responsabilité des autorités israéliennes compétentes. L'utilisation de ces données par l'OCDE est sans préjudice du statut des hauteurs du Golan, de Jérusalem-Est et des colonies de peuplement israéliennes en Cisjordanie aux termes du droit international.

Crédits photo : Couverture © © John Lund/Blend Images/Getty Images.

Les corrigenda des publications de l'OCDE sont disponibles sur : *www.oecd.org/about/publishing/corrigenda.htm*.

Avant-propos

Les jeunes hommes et femmes de la région du Moyen-Orient et de l'Afrique du Nord (MENA) sont confrontés au taux de chômage des jeunes le plus élevé au monde et ils témoignent d'un moindre degré de confiance dans le gouvernement que leurs parents. Comme la part des jeunes (les personnes âgées de 15 à 29 ans) dans la population active dépasse 30 % dans la plupart des pays de la région, ceux-ci doivent de toute urgence élaborer et mettre en œuvre des stratégies visant à impliquer pleinement la jeunesse dans la vie économique, sociale et politique. Pour l'instant, les jeunes n'ont eu que peu de possibilités de peser sur les prises de décisions politiques et la plupart ne bénéficient pas d'un accès adéquat à un emploi décent, une éducation de qualité et des soins de santé financièrement accessibles. Ce rapport est le premier du genre à appliquer un filtre intégrant les points de vue de la jeunesse aux cadres de gouvernance publique. Il montre comment les pouvoirs publics peuvent recourir aux outils du gouvernement ouvert pour que les jeunes prennent part aux décisions et, ce faisant, fassent entendre leurs voix dans l'élaboration des politiques mais aussi pour les faire participer aux processus de gouvernance comme l'allocation des budgets publics. En « incluant les jeunes » dans l'élaboration des politiques, les gouvernements veilleront à ce que les attentes et les préoccupations de la jeunesse soient effectivement prises en compte par tous les responsables publics. Avec les jeunes à leurs côtés, les gouvernements se donnent davantage d'atouts pour fournir des services publics adaptés à des besoins spécifiques et plus accessibles pour les catégories les plus vulnérables, qu'il s'agisse des jeunes femmes ou des jeunes issus de milieux ruraux.

Sur la base de données comparables de sept pays et territoires MENA (Cisjordanie et bande de Gaza, Égypte, Jordanie, Libye, Maroc, Tunisie et Yémen), le rapport présente les bonnes pratiques des pays membres de l'OCDE et des pays et territoires MENA et formule des recommandations politiques en vue de faire de la jeunesse un partenaire à part entière du gouvernement tout au long du cycle d'élaboration des politiques.

Ce rapport appuie le travail sur la jeunesse du Programme MENA-OCDE pour la gouvernance, dont les activités pour la période 2016-20 prendront systématiquement en compte et intégreront les questions de jeunesse. Il contribue également aux travaux que l'OCDE consacre d'une manière générale au rôle clé d'une gouvernance participative et collaborative au service d'une croissance inclusive, dans la continuité de son *Plan d'action pour les jeunes*, de son initiative *Nouvelles approches face aux défis économiques* (NAEC), de son rapport *The Governance of Inclusive Growth (La gouvernance publique au service de la croissance inclusive)*, de son Projet de gouvernement ouvert et de ses *Principes directeurs pour une élaboration ouverte et inclusive des politiques publiques*. Le rapport est complété par le document « Lutter contre le chômage des jeunes dans la région MENA » du Programme MENA-OCDE pour la compétitivité, qui examine les stratégies permettant de favoriser l'inclusion économique des jeunes.

À la suite des présentations informelles du rapport lors du 9e Forum des jeunes de l'UNESCO, organisé du 26 au 28 octobre 2015 à Paris, et du « Dialogue avec la jeunesse sur une croissance inclusive » à Helsinki le 27 octobre 2015, qui a rassemblé des représentants de la jeunesse et des ministres de pays de l'OCDE et de pays et territoires MENA, une version provisoire du rapport a été présentée à la réunion du Comité de pilotage de l'Initiative MENA-OCDE du 9 novembre 2015, à Rabat.

Le rapport final a été lancé le 18 avril 2016 à Paris par les co-présidents du Programme MENA-OCDE pour la gouvernance, S.E. M. José Ignacio WERT, ambassadeur, représentant permanent de l'Espagne auprès de l'OCDE, et S.E. M. Kamel Ayadi, ministre de la Fonction publique, de la gouvernance et de la lutte contre la corruption de la Tunisie. Ce rapport est la traduction de la version anglaise, *Youth in the MENA region : How to bring them in*, publié en 2016.

Remerciements

Ce rapport a été préparé par le Programme MENA-OCDE pour la gouvernance et la Division des examens de la gouvernance et des partenariats de la Direction de la gouvernance publique de l'OCDE (GOV).

Le Secrétariat de l'OCDE voudrait exprimer sa gratitude à l'ensemble des personnes qui ont fourni de précieux commentaires et informations tout au long de la rédaction de ce rapport. Il tient à souligner la valeur des contributions et des orientations stratégiques apportées par les participants à la session spéciale consacrée à la « Participation des citoyens : impliquer les jeunes » dans le cadre du Forum international de l'OCDE sur le gouvernement ouvert organisé le 30 septembre 2014 à Paris, ainsi que par les participants de la session de la Fabrique-à-idées de l'OCDE du 4 février 2015 traitant des « Politiques inclusives pour les jeunes hommes et femmes de la région MENA » organisée à Paris conjointement par le Programme MENA-OCDE pour la compétitivité avec la participation de la Direction de l'emploi, du travail et des affaires sociales de l'OCDE, sans oublier les représentants des associations de jeunes et de la société civile qui ont assisté au séminaire « Impliquer la société marocaine pour le gouvernement ouvert : élargir la participation de la société civile aux processus de l'OGP au Maroc » ni les délégués des différents réseaux régionaux du Programme MENA-OCDE pour la gouvernance. Le Secrétariat remercie également les membres du Comité consultatif de la société civile MENA-OCDE pour leurs commentaires pendant la discussion sur les orientations stratégiques du rapport le 29 septembre 2015 à Rabat.

Ce rapport a été rédigé sous la direction de Rolf Alter, directeur de la Direction de la gouvernance publique, et de Martin Forst, responsable de la Division des examens de la gouvernance et des partenariats, sous la supervision de Miriam Allam, responsable du Programme MENA-OCDE pour la gouvernance. Le rapport a été préparé par Moritz Ader avec la contribution de Jennifer Bremer, Alessandro Bellantoni apportant des éléments stratégiques et garantissant la cohérence avec le Projet de gouvernement ouvert de l'OCDE. Le rapport a bénéficié des commentaires utiles d'Adam Ostry, Paqui Santonja, Amira Tlili et Katharina Zügel ainsi que des avis de Marco Daglio, Laura Skoratko, Guillaume Lafortune, Ronnie Downes et Faisal Naru. Il a en outre été enrichi par les discussions avec Alexandre Kolev, Ji-Yeun Rim et Ian Brand-Weiner, du Projet d'inclusion des jeunes du Centre de développement de l'OCDE. La révision finale et la mise en forme du texte ont été réalisées par Julie Harris et Ciara Muller. Le Secrétariat de l'OCDE souhaite remercier les États-Unis et, en particulier, l'Initiative de partenariat USA-Moyen-Orient (MEPI), l'Espagne (AECID) et la Turquie pour l'appui financier qu'ils ont apporté aux activités régionales du Programme MENA-OCDE pour la gouvernance.

Table des matières

Tableaux

Graphiques

Sigles et abréviations

AECID	Agence espagnole de coopération internationale pour le développement
AIR	Analyse d'impact de la réglementation
ASDI	Agence suédoise de coopération internationale au développement
CAPMAS	Agence centrale pour la mobilisation du public et les statistiques (République arabe d'Égypte)
CAWTAR	Centre de recherche et de formation pour les femmes arabes
CCG	Conseil de coopération des pays du Golfe
CiNI	Enfants en Irlande du Nord
CNJ	Conseil national de la jeunesse
DCYA	Ministère de l'Enfance et de la jeunesse (République d'Irlande)
EGDI	Indice de e-gouvernement
EP	Entreprise publique
ERYICA	Agence européenne pour l'information et le conseil aux jeunes
EYC	Capitale européenne de la jeunesse
FMI	Fonds monétaire international
GOV	Direction de la gouvernance publique (OCDE)
GRH	Gestion des ressources humaines
HCR	Haut-commissariat des Nations Unies pour les réfugiés
ICAC	Commission indépendante de lutte contre la corruption
LiJOT	Conseil de la jeunesse de Lituanie
LOLF	Loi organique relative aux lois de finances
MENA	Moyen-Orient et Afrique du Nord
MEPI	Initiative de partenariat USA-Moyen-Orient
NAEC	Nouvelles approches face aux défis économiques
NEET	Jeunes déscolarisés, sans emploi et ne suivant aucune formation
OCDE	Organisation de coopération et de développement économiques
OIT	Organisation internationale du travail
ONG	Organisation non gouvernementale
PAMJ	Programme d'action mondial pour la jeunesse
PGO	Partenariat pour le gouvernement ouvert
PIB	Produit intérieur brut
PNUD	Programme des Nations Unies pour le développement
ROB	Budgétisation axée sur les résultats
SYPE	Enquête sur la jeunesse égyptienne
TIC	Technologies de l'information et de la communication
TUNEPS	Système d'achats publics en ligne de Tunisie
UIT	Union internationale des télécommunications
UNICEF	Fonds des Nations Unies pour l'enfance
UTOJ	Union tunisienne des organisations de jeunesse
WoG	Approche interministérielle

Résumé

Cinq ans après le « Printemps arabe », les jeunes hommes et femmes de la région du Moyen-Orient et de l'Afrique du Nord (MENA) se heurtent toujours à des obstacles importants pour devenir les forces motrices du développement économique et social de leurs pays respectifs. Aucune autre région au monde n'affiche un taux de chômage des jeunes aussi élevé. Tandis qu'environ 15 % des jeunes âgés de 15 à 29 ans dans l'ensemble des pays de l'OCDE sont déscolarisés, sans emploi et ne suivent aucune formation (NEET), le taux d'inactivité des jeunes Palestiniens de 15-24 ans atteint 25 % et frôle les 41 % dans le cas des jeunes femmes d'Égypte. Alors que le groupe des 15-29 ans représente plus de 30 % de la population d'âge actif dans la plupart des pays et territoires MENA, il y a urgence à créer des débouchés décents pour les jeunes, dans le secteur public comme dans le secteur privé, afin qu'ils puissent jouer un rôle productif dans tous les domaines de la vie, en particulier en leur offrant des espaces qui leur permettent de s'exprimer et de façonner des politiques reflétant leurs réalités et leurs aspirations.

En l'absence d'institutions inclusives au service du dialogue et du changement, les formes traditionnelles d'engagement politique n'attirent pas suffisamment les jeunes, en grande partie parce qu'elles sont dominées par des personnes plus âgées et encadrées par des structures rigides qui les dissuadent de s'impliquer. À rebours d'une idée répandue, selon laquelle les jeunes ne s'intéresseraient pas à la politique, des données probantes récentes montrent qu'une majorité de jeunes de la région MENA non seulement expriment un intérêt global pour la politique mais cherchent également à s'impliquer, d'une manière ou d'une autre. Même si certaines des organisations de la société civile créées par des jeunes pendant les bouleversements sociaux qu'ont connu certains pays et territoires MENA ont disparu depuis, beaucoup ont joué un rôle utile de vigiles, tenant le gouvernement comptable de ses actes et offrant à la jeunesse de nouveaux canaux pour se faire entendre. Certains pays se sont employés à créer ou renforcer des organes représentatifs, à l'instar des conseils nationaux et locaux de la jeunesse. Mais il reste de nombreuses possibilités inexploitées, qui pourraient notamment profiter de la puissance novatrice des technologies numériques.

Suivant en cela une tendance mondiale, certains pays et territoires MENA sont en train de formuler ou de mettre en œuvre des politiques nationales intégrées pour la jeunesse, couvrant différents domaines de l'action publique. En impliquant les jeunes dans la formulation, le déploiement et le suivi d'une stratégie globale pour la jeunesse, les gouvernements s'assureront que les programmes et les services proposés correspondent bien à leurs attentes. Les initiatives précédentes ont cependant achoppé sur un partage flou des responsabilités, des capacités limitées de coordination et l'absence de mécanismes efficaces de responsabilité.

Actuellement, les résultats de l'enquête mondiale Gallup suggèrent que les jeunes de la région MENA sont mécontents des performances de leurs gouvernements. Alors que les jeunes des pays de l'OCDE manifestent une confiance dans le gouvernement supérieure à celle de leurs parents, même si le niveau d'ensemble reste très faible, les jeunes de la région MENA ont moins confiance dans leurs représentants que la génération précédente. Pour que la jeunesse des pays et territoires MENA devienne une force motrice capable d'installer une croissance inclusive dont elle sera l'un des bénéficiaires, il faut s'atteler résolument à l'introduction d'accords exclusifs de gouvernance, afin d'ajuster les cadres législatifs, institutionnels et politiques actuels à ses idées, ses besoins et ses préoccupations.

Impliquer les jeunes grâce aux outils du gouvernement ouvert

Dans la lignée des initiatives engagées pour rendre l'élaboration des politiques plus inclusive et mieux informée, à l'image notamment du Partenariat pour le gouvernement ouvert (PGO), les gouvernements des pays et territoires MENA peuvent faire appel aux outils du gouvernement ouvert pour promouvoir l'implication des jeunes – qu'il s'agisse de l'accès à l'information, de l'engagement citoyen ou des technologies numériques. L'accès aux cadres d'information renforce la transparence et peut donner aux jeunes les moyens de participer à l'action publique et d'examiner les résultats obtenus. La disponibilité de données sur la jeunesse, intégrées et ventilées, est par ailleurs un facteur critique si l'on veut s'atteler de manière exhaustive aux défis touchant spécifiquement les jeunes. Les gouvernements peuvent collaborer avec des associations de jeunesse, des organisations de la société civile et des militants afin de formuler des politiques nationales de la jeunesse. La création d'organes représentatifs de la jeunesse ou le renforcement de leur rôle contribuent à l'émergence d'institutions plus inclusives capables de faire entendre la voix des jeunes. Enfin, les jeunes appartenant de plus en plus à ces « générations numériques », les méthodes de consultation sur le web, les médias sociaux et les services publics en ligne seraient autant de moyens de les impliquer efficacement.

Inclure les jeunes dans les processus de la gouvernance publique

En tant qu'étudiants, travailleurs, clients ou électeurs, les jeunes sont exposés à la corruption et aux influences indues. Les gouvernements peuvent renforcer les cadres d'intégrité en partenariat avec la jeunesse, les médias et des institutions indépendantes, notamment en sensibilisant davantage les jeunes aux normes d'intégrité et en les faisant participer au suivi de la mise en œuvre des politiques et des programmes mais aussi au signalement de pratiques corrompues.

Les finances publiques sont un puissant outil de concrétisation des stratégies nationales et de traduction des promesses électorales en améliorations tangibles. Les gouvernements peuvent faire participer les jeunes à l'allocation stratégique des dépenses publiques, en publiant par exemple un « budget des citoyens », qui mette en exergue les dépenses en faveur de la jeunesse, en recourant à des approches participatives de la préparation budgétaire et en améliorant les connaissances financières des jeunes gens.

De plus en plus, la fonction publique des pays et territoires MENA a recourt à l'emploi informel, puisqu'elle ne peut plus officiellement employer des recrues plus qualifiées. Sans compter qu'elle ne maîtrise que rarement les bonnes pratiques de la gestion des ressources humaines (GRH). Face à ces difficultés, les gouvernements peuvent renforcer le recrutement et la promotion en fonction de normes et sur la base du mérite, surveiller les recrutements contractuels et introduire une planification et une gestion optimisées des ressources humaines ainsi que des systèmes de placement dans les établissements scolaires, afin d'aider les jeunes à entrer sur le marché du travail.

Les pays et territoires MENA peuvent opter pour une approche des politiques réglementaires qui soit plus inclusive et plus sensible aux attentes des jeunes. Grâce aux analyses d'impact de la réglementation (AIR) et aux analyses coûts-avantages, les gouvernements peuvent anticiper la part des dépenses et des bénéfices pour les différents segments de la société, y compris les jeunes et les sous-groupes concernés. Par ailleurs, une révision des textes législatifs existants peut permettre de mettre en place un environnement propice à l'activité économique, à l'entrepreneuriat des jeunes et à la création d'emplois.

Les conseils locaux de la jeunesse peuvent participer à l'identification des besoins et tenir les autorités comptables de leurs actions. Les jeunes peuvent également être incités à se porter volontaires pour prendre part au développement de leur ville ou de leur quartier. Les gouvernements doivent travailler avec les universités et les instituts techniques locaux pour aider les jeunes à acquérir les compétences recherchées par les employeurs.

Les jeunes femmes sont souvent confrontées à un double défi, lié à leur sexe et à leur âge. Pour surmonter ces obstacles, les gouvernements peuvent entreprendre un examen systématique de la législation afin de supprimer les discriminations sous toutes leurs formes et, notamment, celles qui pénalisent les jeunes femmes ; éliminer les dispositions régissant le monde du travail qui dissuadent les jeunes femmes de se porter candidates ; intégrer les demandes des jeunes femmes dans les stratégies nationales de la jeunesse et les stratégies pour l'égalité hommes-femmes ; recueillir des données ventilées par sexe et par âge afin de permettre des décisions politiques informées ; et multiplier les possibilités pour les jeunes femmes et les associations de défense des droits de la femme de participer à la vie publique, dans tous ses aspects.

Chapitre 1

Revoir les cadres de gouvernance publique pour tenir compte des attentes des jeunes et installer une croissance inclusive

Malgré leur omniprésence pendant les soulèvements civils du début des années 2010, les jeunes des pays et territoires MENA sont maintenus dans un statut d'observateurs. Cinq ans après avoir investi les rues pour réclamer plus de gouvernance démocratique et de débouchés économiques, les jeunes hommes et femmes continuent de n'avoir que des perspectives limitées pour influencer l'orientation des politiques. Sans compter que, pour beaucoup, l'accès à un emploi décent, une éducation de qualité et des soins de santé accessibles sont encore restreints. Avec la dégradation importante de la sécurité dans certains pays, c'est toute une génération de jeunes hommes et femmes qui est menacée d'exclusion économique et sociale. Dans la continuité de l'initiative de l'OCDE Nouvelles approches face aux défis économiques (NAEC), du rapport de l'OCDE intitulé « La gouvernance publique au service de la croissance inclusive » (The governance of inclusive growth) et des Principes directeurs de l'OCDE pour une élaboration ouverte et inclusive des politiques publiques, ce chapitre plaide pour un réajustement, par les gouvernements des pays et territoires MENA, de leurs systèmes de gouvernance publique afin de tenir compte des attentes des jeunes pour une croissance inclusive et des services publics adaptés.

La sagesse populaire veut que les jeunes hommes et femmes représentent l'avenir. Face à l'évolution démographique et aux défis considérables que la jeunesse des pays du Moyen-Orient et de l'Afrique du Nord (MENA) vont devoir relever, cette vision des choses doit évoluer. Il suffit par exemple de réaliser que 70 % des Jordaniens ont moins de 30 ans pour comprendre que les politiques en faveur de la jeunesse sont non seulement un investissement pour l'avenir mais également pour le bien-être des générations actuelles.

Dans la plupart des pays et territoires MENA, les jeunes[1] représentent plus du quart de la population, avec une pression démographique et des taux de chômage supérieurs à ceux de toutes les autres régions du monde (Assaad et Levison, 2013). Les jeunes n'ayant pas pu, ces dernières décennies, bénéficier équitablement du progrès économique, cela a aggravé les inégalités de revenu. Des chiffres préoccupants recueillis dans des pays de l'OCDE montrent que ces inégalités de revenu se sont traduites par une hausse des taux de pauvreté, accompagnée d'un changement de profil démographique des pauvres, les enfants et les adolescents étant particulièrement exposés (OCDE, 2016a). Faute d'institutions publiques efficaces pour relayer les attentes des jeunes et de stratégies adaptées à la jeunesse, les jeunes hommes et femmes ont été relégués en marge de la société, avec un accès restreint à la sécurité sociale et aux services publics de qualité.

En dépit de taux de croissance moyens du produit intérieur brut (PIB) réel de près de 5 % dans les pays et territoires MENA entre 2000 et 2010, la reprise économique ne s'est pas traduite par une création supplémentaire d'emplois et d'opportunités (FMI, 2015)[2]. Au contraire, au cours des dernières années, les taux de chômage des jeunes ont bondi à plus de 51 % en Libye, 39 % en Égypte et 38 % en Cisjordanie et dans la bande de Gaza (Banque mondiale, 2016). Tandis que les jeunes ressentent une augmentation constante du coût de la vie, les salaires stagnent. L'inactivité des jeunes, exprimée par la part des jeunes déscolarisés, sans emploi et ne suivant aucune formation (NEET), n'est nulle part aussi importante qu'au Moyen-Orient et en Afrique du Nord, particulièrement parmi les jeunes femmes (Yassin, 2014). Ce schéma présente un risque significatif de voir les jeunes et, en particulier, les femmes, être exclus d'une pleine participation à la vie publique, telle que définie par la *Recommandation de l'OCDE sur l'égalité hommes-femmes dans la vie publique*. Malgré des améliorations sur le plan de l'accès à l'enseignement supérieur, plus de 30 % des jeunes Marocains et plus de 50 % des jeunes Yéménites ne sont pas scolarisés dans le secondaire. L'incapacité du gouvernement à fournir des services de qualité à tous les segments et groupes d'âge de la société se paie cher socialement. Elle met en péril la cohésion sociale et affaiblit la confiance en un État défenseur des intérêts des jeunes. De fait, les jeunes des pays et territoires MENA étudiés dans ce rapport affichent tous un niveau de confiance dans les gouvernements plus faible que les plus de 50 ans (chapitre 3).

Les jeunes de la région MENA sont victimes d'un environnement politique très instable et de chocs exogènes. À la suite de la grave détérioration des conditions de sécurité en Syrie, au Yémen, en Libye et ailleurs, nombre d'entre eux ont été contraints de fuir leur foyer. Ainsi au Yémen, le Haut-commissariat des Nations Unies pour les réfugiés (HCR, 2016) estimait que, fin 2015, près de 170 000 individus s'étaient réfugiés dans un pays voisin tandis que 2,5 millions de personnes environ avaient été déplacées de force au cours de l'année. Sachant que la moitié de la population yéménite a moins de 19 ans, c'est une génération entière qui risque de grandir sur fond de conflit armé. Malgré des capacités déjà limitées, les pays accueillant un nombre important de réfugiés, comme la Jordanie et le Liban, sont contraints d'assurer pour ces populations un accès de base à l'éducation et la santé.

Selon des données de l'OCDE, la gouvernance publique peut lever les obstacles à une croissance inclusive, définie comme une « croissance économique qui crée des opportunités pour tous les segments de population et distribue les dividendes de la prospérité accrue, tant en termes monétaires que non monétaires, équitablement à travers l'ensemble de la société » (OCDE, 2015a). Le rôle de la gouvernance publique – l'ensemble de processus et d'outils stratégiques mais également d'institutions, de règles et d'interactions au service d'une élaboration efficace des politiques – a été souligné par l'initiative de l'OCDE Nouvelles approches face aux défis économiques (NAEC) et le rapport *La gouvernance publique au service de la croissance inclusive (The governance of inclusive growth)* (OCDE, 2016a). Celui-ci affirme que les stratégies, outils et processus du secteur public doivent être alignés sur les résultats d'une croissance inclusive tout au long du cycle d'élaboration des politiques en s'appuyant sur un processus plus inclusif d'identification des défis en matière de conception des politiques et de mise en œuvre.

Pour que les jeunes hommes et femmes de la région MENA deviennent à la fois les moteurs et les bénéficiaires d'une croissance plus inclusive, les gouvernements doivent réajuster les dispositifs existants de gouvernance publique. Dans le contexte actuel, les jeunes sont victimes d'une double marginalisation[3]. Ils ne jouent qu'un rôle marginal dans l'élaboration des politiques publiques. Alors que leur voix est absente du discours public et qu'ils n'ont pas accès aux étapes décisives du processus décisionnel, ils ont peu de chance de devenir une source de créativité et de vigilance politique. Les étudiants ont beau avoir été parmi les plus actifs dans les soulèvements civils de la région MENA, réclamant des gouvernements plus transparents, inclusifs et responsables, les chances données aux associations de jeunesse et aux militants d'influencer les politiques restent très faibles.

Qui plus est, les réflexions des jeunes sont largement absentes des politiques et stratégies publiques. En tant que champ pluridimensionnel des politiques publiques, ces considérations devraient être intégrées et coordonnées par une pluralité de ministères et d'agences publiques (emploi, éducation, santé, famille, femmes, culture et sports). Idéalement, une approche interministérielle de la politique de la jeunesse pourrait venir à bout des cloisonnements et proposer des politiques et des services adaptés aux jeunes d'une manière cohérente par rapport à l'organisation horizontale et verticale de l'administration publique, par exemple sous la forme d'une politique nationale de la jeunesse. Lorsque les considérations des jeunes sont intégrées par tous les services et agences de l'État, il faut alors que les cadres politiques sectoriels soient suffisamment souples pour internaliser les besoins spécifiques des jeunes. Le cadre actuel tend à favoriser des initiatives trop étroites au détriment de la fourniture cohérente de politiques et de services projeunes.

Depuis quelques années, l'attention des décideurs et des organisations internationales se focalise sur la formation des jeunes afin de renforcer leurs compétences et de faciliter leur insertion sur le marché du travail. *Le Plan d'action de l'OCDE pour les jeunes* entend les aider à prendre un meilleur départ sur les marchés du travail, en s'attaquant à la crise du chômage des jeunes et en renforçant leurs perspectives d'emploi à long terme. Ce plan est complété par une stratégie prospective en matière de compétences, des mesures de promotion de l'entrepreneuriat des jeunes et une formation financière adaptée aux jeunes (OCDE, 2016b). D'autres publications récentes suivent cette voie. Le rapport *Investir dans la jeunesse : Tunisie* (OCDE, 2015b) explore les manières de renforcer l'employabilité des jeunes lors de la transition vers une économie verte ; l'étude « La jeunesse NEET après la crise » (Carcillo et al., 2015) décrit également les caractéristiques et les conditions de vie des jeunes déscolarisés, sans emploi et ne suivant aucune formation. Le document « Lutter contre le chômage des jeunes dans la région MENA » du Programme MENA-OCDE pour la compétitivité (OCDE, 2015c) examine les stratégies gouvernementales au service de l'inclusion économique, à travers la création d'emplois décents, correctement rémunérés et sûrs pour les jeunes.

Le Dialogue avec la jeunesse organisé par l'OCDE à Helsinki le 27 octobre 2015 a pointé la nécessité de rendre audibles les voix des jeunes dans les processus de décisions politiques. En présence de ministres de pays de l'OCDE et de pays et territoires MENA, les représentants de la jeunesse ont pu évoquer des solutions politiques cruciales pour bâtir des sociétés plus solides, équitables et solidaires. Pourtant, malgré la prise de conscience grandissante sur l'obligation de donner aux jeunes une part active dans la formulation des débats politiques, seules quelques rares études analysent les liens entre une bonne gouvernance publique, l'engagement des jeunes et les résultats des politiques adaptées aux jeunes. Ces documents apportent une vision intéressante des paramètres de la gouvernance susceptibles de favoriser un tel engagement même si, en général, ils optent pour une perspective étroite, comme celle de l'engagement civique des jeunes (Mercy Corps, 2012).

Le présent rapport entend combler cette lacune. Compte tenu du double défi évoqué plus haut – à savoir l'exclusion des jeunes du cycle des politiques publiques et l'absence de prise en compte de leurs préoccupations dans les politiques et stratégies publiques –, ce rapport dessine des trajectoires qui permettraient aux gouvernements de « les inclure ». Par cet appel à « inclure les jeunes », ce rapport plaide pour que les gouvernements favorisent systématiquement la participation des jeunes de tous horizons à l'élaboration de l'ordre du jour politique, à travers des mécanismes efficaces permettant de tenir les responsables publics comptables de leurs actions. Conscient du manque de perspectives actuelles pour que les jeunes accèdent à la sphère politique, il préconise d'appliquer un « filtre jeunesse » aux outils du gouvernement ouvert[4] et aux formes traditionnelles de l'élaboration des politiques publiques. Avec le soutien de l'OCDE, plusieurs pays et territoires MENA ont commencé à promouvoir l'ouverture, la transparence, la responsabilité ainsi que des approches plus participatives, à travers le Partenariat pour un gouvernement ouvert. En appliquant ce « filtre jeunesse » aux outils du gouvernement ouvert, les gouvernements MENA pourraient dépasser la conception assez abstraite de citoyens considérés comme des groupes cibles pour se centrer sur les bénéficiaires directs (et les contributeurs potentiels à leur élaboration et leur mise en œuvre) des politiques et services publics.

Par ailleurs, une approche interministérielle[5] pour piloter les politiques publiques en faveur de la jeunesse à travers les différents services et agences doit se fonder sur une conviction partagée que la gouvernance compte. Ce qui exige de réaliser à quel point les jeunes peuvent jouer un rôle productif dans les processus de gouvernance et les domaines qui ont été abandonnés au bon-vouloir des décideurs, y compris pour des aspects soi-disant techniques, comme l'allocation des dépenses publiques. L'intégration de perspectives projeunes dans les activités courantes de l'administration publique requiert une détermination politique sans failles et un engagement durable à renoncer aux réformes fragmentaires et aux réponses de court terme.

Notes

1. Ce rapport adopte la définition de la « jeunesse » proposée par les Nations Unies, c'est-à-dire les individus âgés de 15 à 24 ans. Dans certains cas, notamment au moment d'analyser le passage de l'école au monde du travail, cette fourchette peut être étendue aux 24-29 ans.

2. Le taux de croissance du PIB renvoie à la moyenne des pays et territoires inclus dans cette étude, hormis la Cisjordanie et la bande de Gaza, faute de données disponibles.

3. Conformément à la définition du rapport OCDE (2016a), « La gouvernance publique au service de la croissance inclusive », la gouvernance publique est définie ici comme les « processus et outils stratégiques, ainsi que les institutions, règles et interactions d'une bonne élaboration des politiques publiques ».

4. L'OCDE définit le gouvernement ouvert comme « la transparence de l'action du gouvernement, l'accessibilité des services et données administratifs ainsi que la réceptivité du gouvernement aux idées, demandes et besoins nouveaux » (OCDE, 2005).

5. Cette approche peut à de nombreux égards s'appuyer sur les principes et expériences bien établis de programmation sensible aux inégalités hommes-femmes et à la réforme de la gouvernance publique. En effet, la programmation sensible aux inégalités hommes-femmes et celle favorable aux jeunes partagent de nombreuses caractéristiques, non seulement parce que la moitié des jeunes sont des femmes, mais aussi parce que, trop souvent, les jeunes souffrent – comme les femmes – d'exclusion et de services publics inadaptés et, comme elles, ont moins de chances de participer à la gouvernance, au développement local et à l'économie nationale.

Références

Assaad, R. et D. Levison (2013), "Employment for youth –A growing challenge for the global economy", document de recherche soumis au High Level Panel on the Post-2015 Development Agenda, mai.

Banque mondiale (2016), « Chômage, total des jeunes (% de la population active âgée de 15 à 24 ans) (estimation modélisée OIT) », http://donnees.banquemondiale.org/indicateur/SL.UEM.1524.ZS?page=4 (consulté le 1er avril 2016).

Carcillo, S., R. Fernández, S. Königs et A. Minea (2015), "NEET youth in the aftermath of the crisis: Challenges and policies", *OECD Social, Employment and Migration Working Papers*, n° 164, Éditions OCDE, http://dx.doi.org/10.1787/5js6363503f6-en.

FMI (2015), *IMF World Economic Outlook Database*, Washington DC, avril.

HCR (2016), "Global trends - Forced displacement in 2015", Haut-commissariat aux réfugiés des Nations Unies, www.unhcr.org/global-trends-2015.html.

Mercy Corps (2012), "Civic engagement of youth in the Middle East and North Africa: An analysis of key drivers and outcomes", mars, www.mercycorps.org/sites/default/files/mena_youth_civic_engagement_study_-_final.pdf.

OCDE (2016a), *The Governance of Inclusive Growth*, www.oecd.org/governance/ministerial/the-governance-of-inclusive-growth.pdf (consulté le 10 avril 2016).

OCDE (2016b), "OECD work on Youth", www.oecd.org/employment/youth.htm.

OCDE (2015a), *All on Board: Making Inclusive Growth Happen*, Éditions OCDE, Paris, http://dx.doi.org/10.1787/9789264218512-en.

OCDE (2015b), *Investir dans la jeunesse en Tunisie. Renforcer l'employabilité des jeunes pendant la transition vers une économie verte*, Éditions OCDE, Paris, www.oecd.org/fr/els/investir-dans-la-jeunesse-en-tunisie-9789264228290-fr.htm.

OCDE (2015c), "Tackling youth unemployment in the MENA region", Idea Factory on inclusive policies for young men and women in MENA, Principales conclusions de la présentation, www.oecd.org/mena/competitiveness//PPT_website.pdf (consulté le 2 avril 2016).

OCDE (2005), « L'administration ouverte », in *Moderniser l'État : la route à suivre,* Éditions OCDE, Paris, http://dx.doi.org/10.1787/9789264010529-fr.

Yassin, S. (2014), "Youth employment in Egypt and Tunisia vs. Jordan and Morocco – Three years after the Arab Awakening", *World Bank News*, http://blogs.worldbank.org/arabvoices/youth-employment-egypt-and-tunisia-vs-jordan-and-morocco-three-years-after-arab-awakening.

Chapitre 2

Tour d'horizon de la jeunesse dans la région MENA

Ce chapitre propose un bref aperçu des conditions dans lesquelles les jeunes de la région MENA préparent leur avenir. Il met en évidence le mécontentement de cette population, qui n'a jamais été aussi nombreuse, face aux services publics et aux politiques, qui ne correspondent pas suffisamment à leurs attentes. Dans l'état actuel des choses, une gouvernance qui exclut certains groupes constitue un frein majeur qui, si rien n'est fait pour y remédier, risque de ralentir le passage des jeunes vers l'âge adulte et les responsabilités civiques. Avec un taux de chômage dépassant les 30 % dans la plupart des pays et une part encore plus grande de jeunes hommes et femmes découragés, car déscolarisés, sans emploi et ne suivant aucune formation (NEET), les pays et territoires MENA se privent d'une des principales sources de leur développement économique et social futur. La faible implication dans les mécanismes de participation traditionnels souligne que les jeunes n'ont plus confiance en la capacité de ces dispositifs à changer les choses.

Les jeunes hommes et femmes de la région MENA se heurtent à d'importants obstacles pour participer à la vie publique, sociale et économique. Certaines de ces entraves sont propres à la région MENA quand d'autres sont liées aux évolutions mondiales qui touchent les jeunes sur toute la planète (qu'il s'agisse de l'urbanisation, de l'individualisation, de la société du savoir, des médias numériques ou de la mobilité accrue). Ces évolutions offrent théoriquement de grandes chances de promouvoir les intérêts des jeunes mais, faute d'environnement propice, ils risquent d'être les premiers à se retrouver sur le bord du chemin.

Les jeunes et l'évolution démographique

Ce rapport utilisera la définition de la « jeunesse » des Nations Unies, qui correspond aux individus âgés de 15 à 24 ans. Dans certains cas, notamment au moment d'analyser le passage de l'école au monde du travail, cette fourchette peut être étendue aux 24-29 ans.

Le tableau 2.1 présente une estimation de la population jeune dans les pays et territoires MENA étudiés dans ce rapport. En se tenant à la définition des Nations Unies, les jeunes sont plus de 32 millions en Cisjordanie et dans la bande de Gaza, en Égypte, en Jordanie, en Libye, au Maroc, en Tunisie et au Yémen. Si l'on utilise la fourchette supérieure, cette population frôle les 48 millions. Le tableau montre en outre que la part des jeunes dans les pays et territoires MENA est en général supérieure à la moyenne mondiale, à la fois en proportion de la population totale et en proportion de la population en âge de travailler. C'est particulièrement vrai pour le Yémen et la Cisjordanie et la bande de Gaza, où plus de 26 % de la population en âge de travailler sont âgés de 15 à 24 ans, contre une moyenne mondiale de 19 %. En utilisant la fourchette supérieure, les jeunes hommes et femmes représentent près d'un tiers de la population en âge de travailler dans les pays et territoires MENA.

Tableau 2.1. **La population jeune dans une sélection de pays et territoires MENA, 2015**

Zone, région ou pays de référence	Population en millions		Part de la population en âge de travailler (15-64 ans, %)		Part de la population totale (%)	
	15-24 ans	15-29 ans	15-24 ans	15-29 ans	15-24 ans	15-29 ans
Égypte	15,04	22,76	20,7	31,3	13,5	20,5
Libye	1,06	1,61	19,5	29,4	13,0	19,7
Maroc	6,03	8,94	19,8	29,4	13,5	20,1
Tunisie	1,77	2,78	17,5	27,5	12,3	19,3
Jordanie	1,43	2,12	21,5	31,9	14,0	20,8
Cisjordanie/bande de Gaza	1,02	1,38	26,3	35,8	16,2	22,0
Yémen	5,80	8,14	26,5	37,2	16,4	22,9
Total des pays étudiés	32,15	47,73	21,3	31,6	14,0	20,7
Monde	1 190 548	1 803 003	18,7	28,4	13,4	20,3

Source : Nations Unies (2013), *World Population Prospects: The 2012 Revision*, Département des affaires économiques et sociales, Direction de la population, édition DVD.

Le graphique 2.1 synthétise les pyramides des âges en 1950, 2010 et 2050 (prévisions). Il montre que tous les pays étudiés ont connu une croissance démographique rapide depuis 1950 et que certains devraient continuer sur cette lancée dans les décennies à venir.

Graphique 2.1. **Pyramides des âges pour une sélection de pays et territoires MENA, 1950, 2010 et 2050**

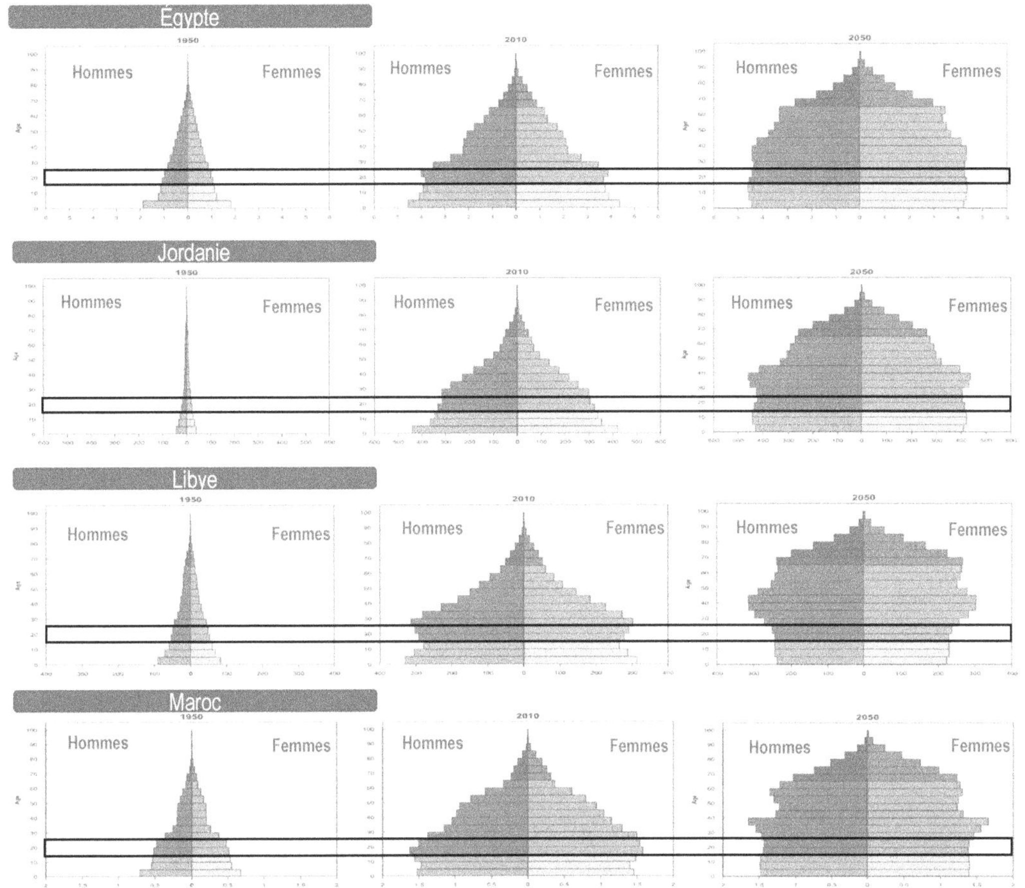

Graphique 2.1. **Pyramides des âges pour une sélection de pays et territoires MENA, 1950, 2010 et 2050** *(suite)*

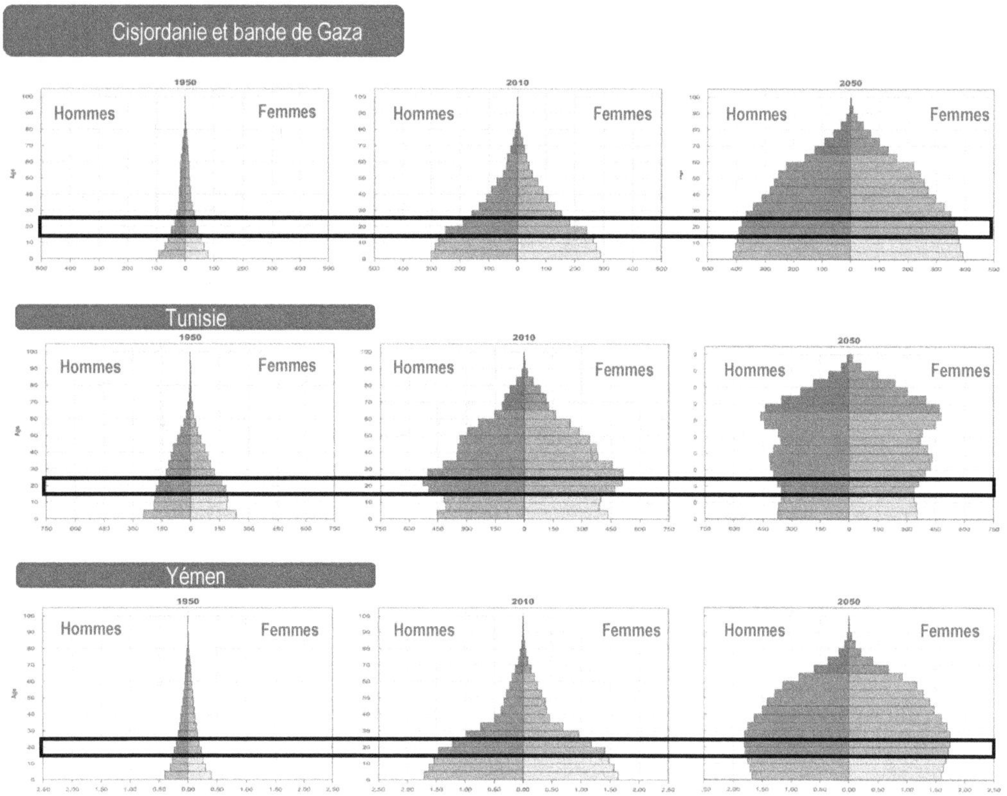

Source : Nations Unies (2013), *World Population Prospects: The 2012 Revision*, Département des affaires économiques et sociales, Direction de la population, édition DVD.

Dans les pays de l'OCDE, les changements démographiques rapides ont imposé une adaptation des institutions et des processus publics. La situation démographique dans la région MENA appelle une analyse approfondie de la demande, actuelle et à venir, de services publics chez les jeunes, en particulier dans des domaines comme l'éducation, la santé et les finances et, le cas échéant, une approche plus novatrice de la formulation des politiques et des services publics et de leur déploiement. Une bonne gouvernance publique sera en effet essentielle pour répondre aux besoins des jeunes qui forgeront l'avenir de la région au cours des prochaines décennies.

Les obstacles à la transition vers l'âge adulte

La gouvernance concerne tous les aspects de la vie des jeunes. Les méthodes et les routines associées à la formulation des textes de loi, le fonctionnement des institutions publiques et la mise en œuvre des politiques publiques rejaillissent sur les opportunités dans les sphères sociale, économique et politique. Les cadres de gouvernance peuvent contribuer au bien-être des jeunes ou, au contraire, le contrarier.

Dans la région MENA, des problèmes de gouvernance compliquent singulièrement l'épanouissement des jeunes hommes et femmes. Ces défaillances ont de multiples conséquences négatives, à l'image des contraintes administratives qui dissuadent les jeunes entrepreneurs de monter une start-up ou de l'absence d'espaces publics dédiés aux jeunes. Mais, comme le montre ce rapport, elles ont toutes une même cause : une gouvernance publique qui exclut les jeunes. Le chapitre 3 proposera un diagnostic plus approfondi de la manière dont ces cadres de gouvernance excluent les jeunes hommes et femmes et leur interdisent de s'engager dans les différentes sphères de la vie publique.

Un niveau élevé de chômage et d'inactivité chez les jeunes

Plus qu'ailleurs dans le monde, les jeunes femmes de la région MENA sont touchées par le chômage. Ce constat révèle des défaillances sur le plan de la gouvernance et l'existence de normes sociales traditionnelles, qui contrarient leur intégration économique. Bien que les carences des cadres de gouvernance des pays et territoires MENA ne soient certainement pas le seul facteur expliquant un tel niveau de chômage, elles sont trop souvent absentes des discours sur la mise en place d'un environnement sain et propice à la création d'emplois. Le graphique 2.2 montre que les jeunes de la région MENA subissent le taux de chômage le plus élevé du monde, la jeunesse du Moyen-Orient étant encore plus mal lotie que celle d'Afrique du Nord.

Graphique 2.2. **Taux de chômage des jeunes par région, 2008-18**

15-24 ans

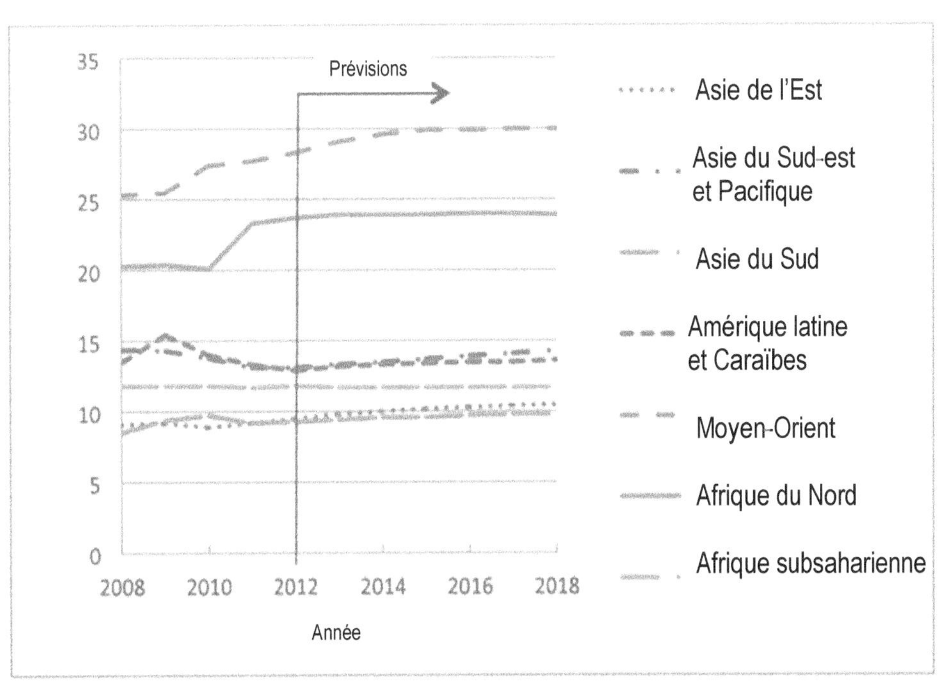

Sources : Assaad, R. et D. Levison (2013), « Employment for youth – A growing challenge for the global economy », document de recherche soumis au High Level Panel on the Post-2015 Development Agenda, mai, www.post2015hlp.org/wp- content/uploads/2013/06/Assaad-Levison-Global-Youth-Employment-Challenge-Edited-June- 5.pdf ; OIT (2013), "Global employment trends: Recovering from a second jobs dip", OIT, Genève, www.ilo.org/wcmsp5/groups/public/---dgreports/---dcomm/---publ/documents/publication/wcms_202326.pdf (consulté le 1er avril 2016).

Le graphique 2.3 fait apparaître la hausse tendancielle du chômage dans la plupart des pays depuis quelques années, et particulièrement en Libye, en Égypte et en Cisjordanie et dans la bande de Gaza. Pour la Tunisie, l'évolution est plus favorable : après avoir atteint un niveau record de 43 % en 2011, le chômage a reflué à 32 % en 2014.

Graphique 2.3. **Chômage des jeunes dans une sélection de pays et territoires MENA, 2014**

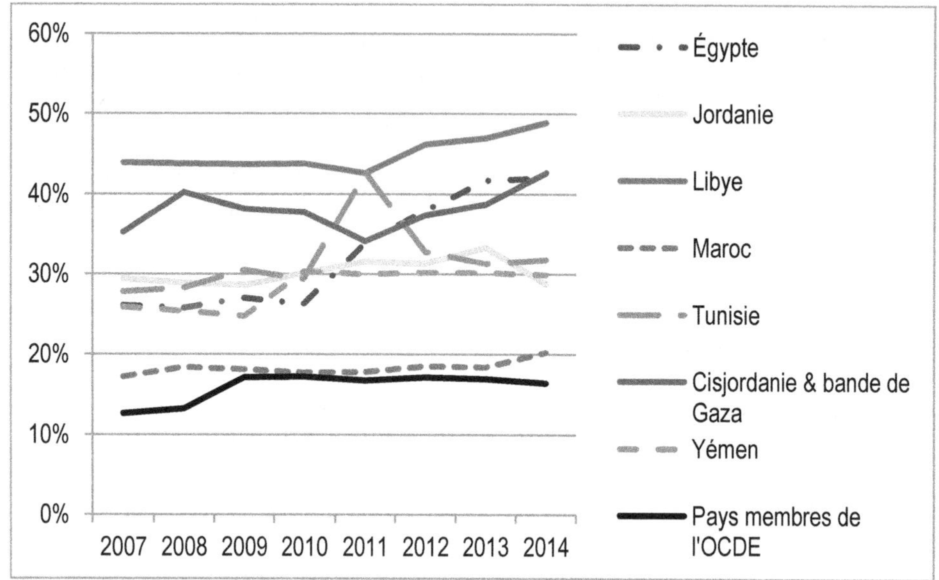

Source : calculs de l'OCDE sur la base des statistiques de la Banque mondiale (s. d., a), « Chômage, total des jeunes (% de la population active âgée de 15 à 24 ans) (estimation modélisée OIT) » (consulté le 10 avril 2016).

Si le taux de chômage est un indicateur utile pour apprécier l'activité économique des jeunes, ce n'est pas le plus précis. Le nombre de jeunes NEET donne un meilleur aperçu de la manière dont les pays gèrent la transition de l'école au monde du travail, puisqu'il prend en compte la proportion de jeunes qui font des études (OCDE, 2015). Il met au jour le pourcentage des jeunes hommes et femmes découragés, qui n'ont pas la motivation ou la possibilité de décrocher un emploi ou de renforcer leurs compétences. Mais les données sur les jeunes NEET dans les pays et territoires MENA sont encore parcellaires. Tandis que 15 % environ des jeunes (15-29 ans) dans les pays de l'OCDE relèvent de la catégorie des NEET, le ministère marocain de la Jeunesse et des sports estime que plus de la moitié de tous les jeunes Marocains sont dans ce cas. Les statistiques publiées en 2013 par l'Organisation internationale du travail (OIT) sur les jeunes NEET (15-24 ans) indiquent qu'il existe de très fortes différences dans le taux d'activité des jeunes hommes et des jeunes femmes. En Égypte, 17 % des jeunes hommes, mais pratiquement 41 % des jeunes femmes relèvent de la catégorie NEET, tandis qu'en Cisjordanie et dans la bande de Gaza, environ 25 % des jeunes hommes et 38 % des jeunes femmes sont considérés comme inactifs d'un point de vue économique. Les données tirées d'une enquête menée au Maroc révèlent que la principale raison du nombre impressionnant de jeunes femmes inactives dans le pays est l'opposition de leurs époux ou de leurs parents (EuroMed, 2015). Le chapitre 5 reviendra plus en détail sur les obstacles structurels et économiques qui compromettent l'égalité des chances pour les jeunes femmes de la région MENA.

Une transition difficile entre l'école et le marché du travail

Les systèmes d'éducation formels dans les pays et territoires MENA ont été critiqués pour leur incapacité à impartir aux diplômés de l'université les compétences attendues par le secteur privé. De fait, les diplômés de bon niveau ont souvent plus de mal à trouver un emploi décent que leurs camarades sans diplômes officiels. Ce constat traduit le décalage entre l'offre et la demande de compétences mais également le fait que les pays et territoires MENA ont été incapables de créer des emplois pour la nouvelle génération de jeunes très diplômés qui espèrent un bon retour sur investissement de leurs longues années d'études.

Le graphique 2.4 montre que les taux de scolarisation dans tous les pays et territoires MENA sélectionnés sont inférieurs à ceux des pays de l'OCDE. La proportion de jeunes scolarisés dans l'enseignement secondaire oscille entre 83 % et 91 % en Tunisie, en Jordanie, en Égypte et en Cisjordanie et dans la bande de Gaza, loin devant le Maroc (69 %) et le Yémen (47 %). Malgré d'importants progrès sur ce plan au Maroc au cours de la dernière décennie, 1.6 million de jeunes Marocains sont encore aujourd'hui considérés comme analphabètes ; 70 % d'entre eux vivent en zones rurales et la majorité sont des femmes (EuroMed, 2015). La situation est comparable quand il s'agit de la proportion de jeunes scolarisés dans l'enseignement supérieur, même si l'écart est nettement plus grand, à la fois entre les pays et territoires MENA et les pays de l'OCDE et au sein de la région MENA. Depuis quelques années, le tableau se brouille, puisque les taux de scolarisation secondaire et supérieure ont diminué dans certains pays et territoires MENA mais augmenté dans d'autres. Ces conclusions suggèrent qu'en dépit des efforts consentis pour rendre les systèmes d'éducation plus inclusifs, une part importante de jeunes hommes et femmes est toujours privée d'accès à l'instruction de base et n'est donc pas préparée à entrer sur le marché du travail – tandis que les jeunes très diplômés sont contraints d'attendre avant de trouver un débouché.

Graphique 2.4. **Scolarisation dans l'enseignement secondaire et supérieur dans une sélection de pays et territoires MENA, 2007-13**

A. Scolarisation dans l'enseignement secondaire

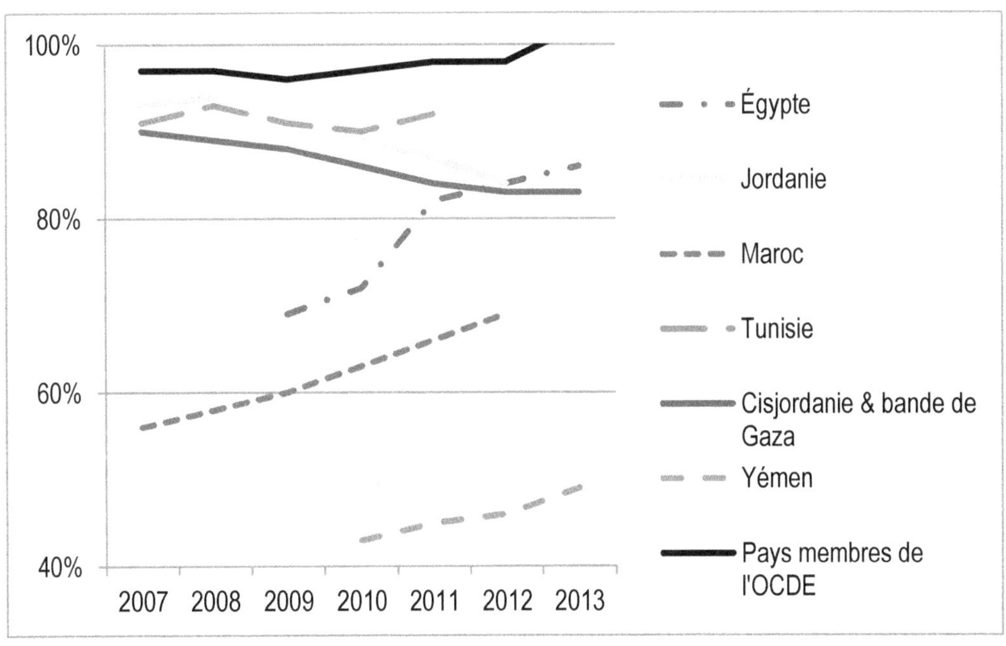

B. Scolarisation dans l'enseignement supérieur

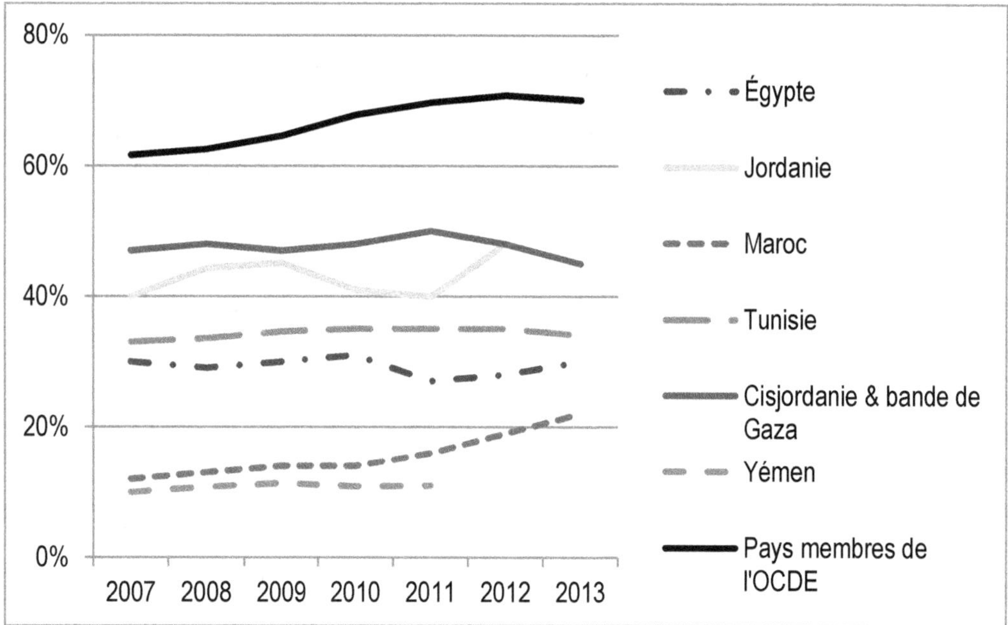

Sources : Banque mondiale (s. d., b), « Inscriptions à l'école, secondaire (% brut) » (Institut de statistique de l'UNESCO), http://donnees.banquemondiale.org/indicateur/SE.SEC.ENRR (consulté le 1er avril 2016). Banque mondiale (s. d., c), « Inscriptions à l'école, enseignement supérieur (% brut) », (Institut de statistique de l'UNESCO), http://donnees.banquemondiale.org/indicateur/SE.TER.ENRR (consulté le 1er avril 2016).

Les jeunes pèsent peu dans le discours politique et les processus décisionnels

Dans les pays et territoires MENA étudiés, les jeunes hommes et femmes continuent d'être plutôt absents des formes traditionnelles de participation politique. Leur rôle pourtant majeur dans les soulèvements populaires au début de la décennie n'a pas entraîné d'implication plus forte dans les mécanismes de participation conventionnels, faute notamment d'efforts systématiques des gouvernements pour les rendre plus accessibles et attractifs. L'adhésion aux partis politiques est rare et les faibles taux de participation des nouveaux électeurs potentiels aux scrutins révèlent une déception à l'égard des structures et des processus existants, qui n'offrent guère de perspectives pour initier un changement. En dépit de l'implication bienvenue des jeunes de la région dans les activités civiques et les organisations de la société civile, leur représentation dans les consultations ou forums publics influents sur le plan politique est, au mieux, marginale. Le manque d'espace laissé aux jeunes pour faire entendre leur voix et peser sur les décisions politiques est encore plus préoccupant pour les groupes vulnérables que sont notamment les femmes, les jeunes des zones rurales et les jeunes issus de milieux socioéconomiques défavorisés. La marginalisation des jeunes et de leurs préoccupations a nourri cette défiance vis-à-vis de l'engagement politique, qui explique cette désaffection à l'égard des politiques et des institutions. Le chapitre 3 reviendra plus en détail sur cette évolution.

Bien que certains des phénomènes évoqués ici ne soient pas propres aux jeunes de la région MENA, mais constituent un défi pour les décideurs et les jeunes du monde entier, ils prennent un poids plus important lorsque les ressources sont rares. Dans ce contexte, l'inadéquation de la représentation des besoins des jeunes peut avoir pour effet de détourner les investissements publics de services projeunes absolument essentiels.

Références

Assaad, R. et D. Levison (2013), « Employment for youth – A growing challenge for the global economy », document de recherche soumis au High Level Panel on the Post-2015 Development Agenda, mai.

Banque mondiale (s. d., a), « Chômage, total des jeunes (% de la population active âgée de 15 à 24 ans) » (estimation modélisée OIT), http://donnees.banquemondiale.org/indicateur/sl.uem.1524.zs?page=4 (consulté le 10 avril 2016).

Banque mondiale (s. d., b), « Inscriptions à l'école, secondaire (% brut) » (Institut de statistique de l'UNESCO), http://donnees.banquemondiale.org/indicateur/se.sec.enrr (consulté le 1er avril 2016).

Banque mondiale (s. d., c), « Inscriptions à l'école, enseignement supérieur (% brut) », (Institut de statistique de l'UNESCO), http://donnees.banquemondiale.org/indicateur/se.ter.enrr (consulté le 1er avril 2016).

EuroMed (2015), *Le travail de jeunesse au Maroc et la participation des jeunes à l'échelon local*, mai, www.euromedyouth.net/IMG/pdf/youth_work_morocco_fr_5_def.pdf.

Nations Unies (2013), *World Population Prospects: The 2012 Revision*, Département des affaires économiques et sociales, Direction de la population, édition DVD.

OCDE (2015), *Investir dans la jeunesse en Tunisie. Renforcer l'employabilité des jeunes pendant la transition vers une économie verte*, Éditions OCDE, Paris, www.oecd.org/fr/els/investir-dans-la-jeunesse-en-tunisie-9789264228290-fr.htm.

OIT (2013), « Global employment trends: Recovering from a second jobs dip », OIT, Genève, www.ilo.org/wcmsp5/groups/public/---dgreports/---dcomm/---publ/documents/publication/wcms_202326.pdf (consulté le 1er avril 2016).

Chapitre 3

Vers un cadre de gouvernance publique favorisant la mobilisation de tous les jeunes

Enjeu transversal de l'action publique, la politique de la région MENA en faveur de la jeunesse est pénalisée par l'absence d'une approche stratégique et coordonnée. Faute de cadre intégré définissant les raisons, les modalités et les finalités d'une telle politique, les interventions des gouvernements relèvent pour l'essentiel du symbole. Ce manque de coordination et de prise en compte de l'impact escompté explique que les jeunes de la région expriment une défiance nettement plus marquée envers leur gouvernement que les plus de 50 ans. Face à ce double défi – l'exclusion des jeunes du cycle des politiques publiques et l'absence de prise en compte de leurs préoccupations – ce chapitre plaide pour l'application d'un filtre intégrant les points de vue de la jeunesse aux outils du gouvernement ouvert comme aux formes traditionnelles d'élaboration des politiques publiques, afin d'impliquer les jeunes hommes et femmes dans les processus de gouvernance souvent soumis au bon vouloir des décideurs.

Les différentes dimensions de la mobilisation des jeunes

Lorsque les jeunes sont laissés de côté lors des décisions politiques, les résultats des politiques publiques n'ont guère de probabilité de refléter leurs intérêts et leurs préoccupations spécifiques. La marginalisation des plus jeunes dans les institutions et les processus publics les relègue à un statut d'observateurs. De fait, lorsque les journaux font les gros titres sur les jeunes de la région MENA, c'est en raison d'un « débordement » ou d'un « problème », sans que cela conduise à leur confier un rôle actif au moment de prendre des décisions politiques.

Traiter ce phénomène à la racine exige des gouvernements qu'ils favorisent et mettent en place des systèmes de gouvernance plus ouverts et inclusifs. Les données recueillies par l'OCDE montrent que, lorsqu'ils sont de qualité, les systèmes de gouvernance publique et les institutions inclusives sont à même d'installer des trajectoires de croissance plus inclusives au profit de l'ensemble de la société (OCDE, 2015a et 2015b). Ces conclusions suggèrent que des gouvernements soucieux d'améliorer la transparence, l'accès à l'information et l'implication des acteurs concernés obtiendront des résultats plus adaptés aux attentes et plus inclusifs. En retour, un gouvernement réactif aux préoccupations de ses concitoyens devrait marquer des points sur le plan de la légitimité et de la confiance.

Un examen des niveaux de confiance des jeunes de la région MENA dans leurs gouvernements montre que, pour tous les pays pour lesquels des données sont disponibles, les jeunes sont nettement moins confiants que les plus de 50 ans (graphique 3.1). De manière remarquable, cette caractéristique est à l'opposé de ce que l'on observe dans la moyenne des pays membres de l'OCDE, où les jeunes ont légèrement plus confiance dans leurs gouvernements que la génération plus âgée, même si le niveau d'ensemble reste très faible.

Graphique 3.1. **Manque de confiance dans le gouvernement dans une sélection de pays et territoires MENA et dans la moyenne des pays de l'OCDE, par groupes d'âge, 2015 (ou dernière année disponible)**

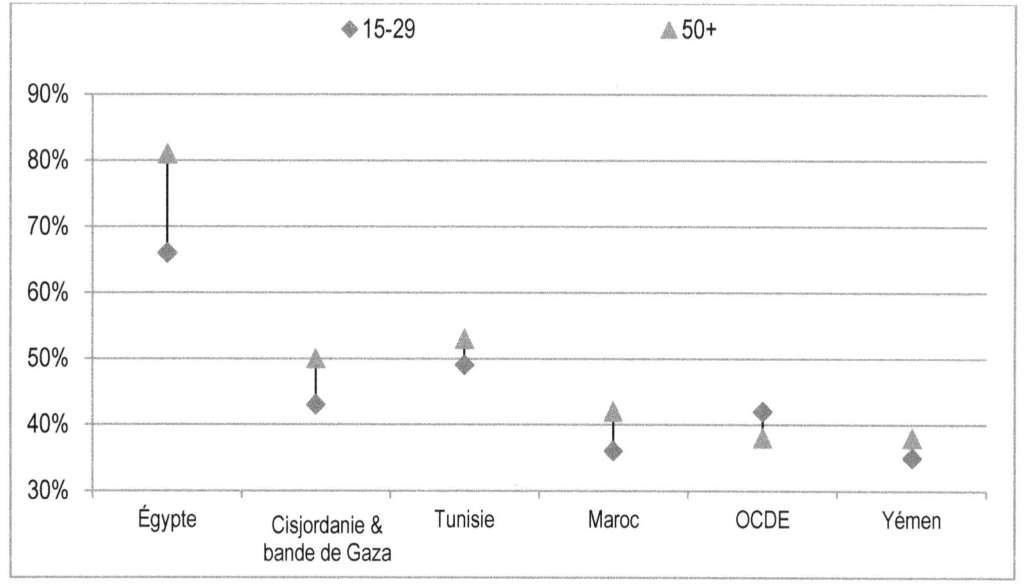

Note : les données pour l'Égypte, l'OCDE et le Yémen concernent l'année 2014 ; celles pour le Maroc l'année 2013.

Source : calculs de l'OCDE sur la base des données du Sondage mondial Gallup (2015).

Engagement politique

Les jeunes attendent légitimement de leurs gouvernements qu'ils créent les conditions permettant à tous les citoyens – pauvres et riches, hommes et femmes, urbains et ruraux – d'exprimer leurs idées et leurs attentes. Les associations de jeunesse, la société civile et les jeunes militants doivent avoir de véritables opportunités de participer aux processus politiques formels, d'infléchir les résultats de l'action publique et de tenir les responsables politiques comptables de leurs promesses. Les processus de consultations du public doivent être conçus de manière à faciliter la participation des jeunes, par le biais de mécanismes en ligne ou hors réseau. Cette condition est d'autant plus importante que le fonctionnement des systèmes politiques dans les pays et territoires MENA et ailleurs favorise généralement leur marginalisation (avec l'âge du vote par exemple).

Responsabilisation sociale et économique

La nécessité de se doter d'un nouveau modèle de gouvernance publique est particulièrement criante devant l'incapacité des dispositifs en place à créer des débouchés économiques pour la jeune génération. La stratégie des décennies passées, qui garantissait des emplois publics aux diplômés, s'est révélée dévastatrice pour l'équilibre budgétaire des pays comme pour la croissance économique et la qualité des services administratifs. Aucun modèle alternatif n'a, semble-t-il, vu le jour, qui donnerait au secteur privé la responsabilité principale pour créer des emplois destinés aux diplômés qualifiés. Il en a résulté une inadéquation entre les besoins des jeunes et les perspectives économiques, incitant un trop grand nombre d'entre eux, et surtout les jeunes femmes, à se retirer de toute activité économique, de longues périodes de recherche d'emploi et la relégation d'un nombre encore plus grand d'entre eux dans des emplois instables et dénués d'avenir dans le secteur informel. L'attente subie avant de décrocher un emploi a des effets importants sur la vie sociale, par exemple lorsque la dépendance économique à l'égard des parents interdit de quitter le foyer familial et de fonder une famille.

Le graphique 3.2 s'efforce de résumer en dix questions ce que les jeunes de la région MENA seraient en droit d'attendre de leurs gouvernements. Il souligne le rôle clé des dispositifs de gouvernance publique pour permettre aux jeunes de se mobiliser, de se responsabiliser et de bénéficier de politiques et de services adaptés à leurs attentes.

Coup de projecteur sur les cadres de gouvernance publique dans les pays et territoires MENA

Les sections qui suivent proposent une première analyse de la maturité des cadres de gouvernance pour inclure les jeunes et prendre en compte leurs préoccupations dans les phases d'élaboration et de mise en œuvre des politiques et des services. Par « prise en compte des préoccupations des jeunes », ce rapport désigne la souplesse et la capacité de tout cadre politique national, d'ordre social, économique ou culturel, à intégrer les besoins spécifiques des jeunes tout en poursuivant des objectifs sectoriels ou multisectoriels, comme la santé publique ou la création d'emplois.

Graphique 3.2. **Appliquer un « filtre jeunesse » aux priorités de la gouvernance : dix questions clés pour les décideurs**

1. Les institutions gouvernementales sont-elles suffisamment **ouvertes et transparentes** pour permettre aux jeunes de tenir les responsables politiques comptables de leurs actions ?
2. Les jeunes ont-ils la possibilité **de s'engager et de participer** de manière systématique au processus décisionnel et aux consultations publiques ?
3. Les gouvernements utilisent-ils les technologies numériques et les canaux non conventionnels pour favoriser **l'engagement des jeunes** ?
4. Les cadres juridiques et les politiques tiennent-ils compte des besoins spécifiques des **jeunes femmes**, des groupes minoritaires et des personnes handicapées ?
5. Les dispositifs de gouvernance créent-ils les conditions d'un **progrès économique** à la fois **inclusif et durable** ?
6. Les cadres de gouvernance traduisent-ils le progrès économique en **opportunités économiques** et en **emplois de qualité pour les jeunes** ?
7. Les services publics sont-ils suffisamment **adaptés, réactifs et responsables** face aux besoins spécifiques des jeunes hommes et femmes ? 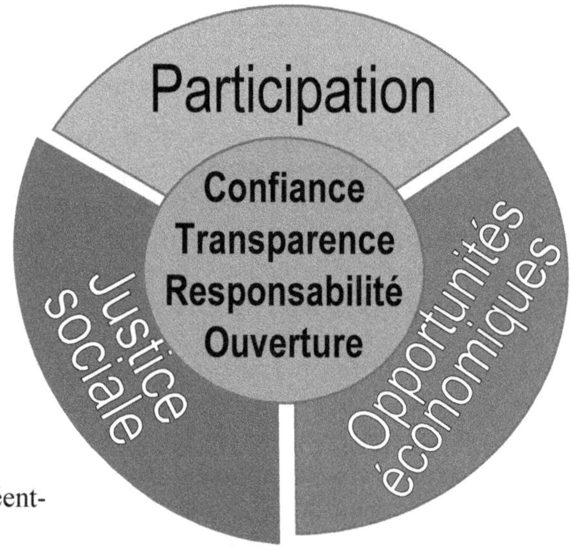
8. **L'éducation, la santé et les autres services publics** donnent-ils aux jeunes les moyens qui les aideront à opérer une transition réussie vers l'âge adulte ?
9. Les cadres de gouvernance locale permettent-ils aux jeunes de participer à l'identification des besoins et à créer des **collectivités** là où ils peuvent bénéficier d'une bonne qualité de vie ?
10. Des cadres solides pour **l'intégrité et l'État de droit** existent-ils pour éviter les détournements des ressources publiques censées financer des politiques en faveur des jeunes ?

Source : travaux de l'OCDE.

Une approche interministérielle de la mobilisation des jeunes et de la politique de la jeunesse

Enjeu transversal, la politique de la jeunesse court le risque d'être faiblement institutionnalisée et peu coordonnée entre les différents ministères et agences. Les programmes pour les jeunes au niveau sectoriel se caractérisent habituellement par un manque de coordination entre les ministères, qui suivent leurs propres mandats et agissent au sein de leurs propres structures opérationnelles.

Une approche interministérielle conjuguée à une solide impulsion est décisive pour décloisonner les approches, déployer les politiques de la jeunesse et fournir des services pour les jeunes d'une manière cohérente à travers toutes les administrations. Comme ailleurs dans le monde, certains des pays et territoires MENA étudiés sont en train d'élaborer ou de mettre en place des politiques nationales de la jeunesse, dans le but d'intégrer des approches sectorielles en faveur des jeunes dans un document d'orientation stratégique. À condition de reposer sur une vision pluriannuelle, une politique nationale de la jeunesse peut améliorer la cohérence, identifier les domaines requérant des mécanismes de coordination horizontale et verticale bien spécifiques et fixer des mandats clairs aux acteurs internes et externes clés, incités à s'associer à la définition et la mise en œuvre de la politique et à la programmation qui lui est associée dans le temps. En intégrant les jeunes dans la formulation, la mise en œuvre et le suivi d'une stratégie globale de la jeunesse, les gouvernements peuvent s'assurer que les programmes et les services qui en découlent répondent effectivement aux attentes des jeunes. De solides cadres d'évaluation des performances doivent être introduits pour vérifier si la stratégie produit les résultats attendus et, lorsque des ajustements sont nécessaires, réviser les orientations afin d'améliorer les résultats. Mais l'absence de données désagrégées sur les jeunes constitue un obstacle majeur à une programmation qui tienne compte de leurs attentes. Faute de données et d'informations d'appui sur les conditions de vie des jeunes hommes et femmes, les politiques et les services publics risquent de passer à côté de leurs attentes bien spécifiques sans tenir compte de la diversité de leurs intérêts.

La nécessité d'une approche coordonnée pour mettre en œuvre la politique de la jeunesse est particulièrement évidente au moment de la transition entre l'école et l'emploi. Comme ils quitteront l'école ou l'université pour rejoindre la population active, les jeunes comptent sur les établissements d'enseignement pour les aider à faire un choix de carrière et acquérir les compétences requises. Le processus éducatif global doit donc être associé à des programmes d'insertion professionnelle, qui aident les étudiants à décrocher un stage, travailler à temps partiel ou bénéficier à d'autres occasions d'acquérir des compétences. Les unités de développement industriel et les programmes publics de placement pourraient se rapprocher des établissements d'enseignement secondaire ou supérieur pour participer à l'élaboration des cursus et fournir des informations aux étudiants. Les conseils de perfectionnement de la main-d'œuvre, à l'image de ceux évoqués dans l'étude de l'OCDE *OECD Territorial Review of the Chicago Tri-State Metropolitan Area* (OCDE, 2012), peuvent rassembler autour de la table les entreprises, les syndicats de travailleurs, les administrations et les prestataires de formation (écoles et entreprises du secteur privé), afin de faire correspondre les compétences aux débouchés, de définir des cursus de formation adaptés aux besoins véritables du marché du travail et d'offrir des possibilités d'apprentissage pour les premières embauches.

La réalité sur le terrain dans les pays et territoires MENA trace un tableau différent. Par le passé, les initiatives ont souvent achoppé sur la difficulté à passer de l'étape de formulation à celle d'une mise en œuvre concrète, faute d'une répartition claire des responsabilités, de capacités de coordination suffisantes et de mécanismes efficaces de reddition de comptes. La responsabilité officielle de la coordination des politiques et des programmes en faveur de la jeunesse incombe en général au ministère de la Jeunesse, qui a souvent un double mandat (jeunesse et sports) et qui, jusqu'ici, manquait de capacités pour piloter et coordonner une vision nationale pour la jeunesse entre les différents services de l'État. Ce défaut de moyens adaptés réduit fortement l'efficacité des programmes. Un pouvoir limité de contrôle des ressources et de supervision a interdit de prendre en compte les préoccupations des jeunes dans la totalité du spectre politique et de traduire les plans en actions concrètes.

Les bases juridiques de la mobilisation des jeunes et d'une politique de la jeunesse

Bien que les dispositions constitutionnelles ne soient qu'un premier indice de la volonté des pays et territoires MENA de promouvoir l'engagement des jeunes et une politique de la jeunesse, les disparités entre eux sont frappantes à cet égard.

Le tableau 3.1 montre que les constitutions les plus récentes, en Égypte (2014), en Tunisie (2014) et au Maroc (2011), sont généralement les plus avancées dans l'attribution de droits et de libertés aux jeunes. Ces derniers ont été de fervents avocats du changement constitutionnel et les avancées obtenues en théorie peuvent être imputées à cette visibilité sans précédent de la jeunesse dans l'arène publique. Au Maroc, avec la création annoncée du Conseil consultatif de la jeunesse et de l'action associative, la participation des jeunes devrait être formellement institutionnalisée. La Constitution exige en outre des autorités locales qu'elles intègrent les préoccupations des jeunes, dont la participation active doit être encouragée au travers des associations et des conseils municipaux de la jeunesse (chapitre 4). Au lendemain des mouvements populaires en Tunisie, l'adoption du décret 2011-88 sur la constitution et le financement des associations a fait exploser le nombre d'organisations de la société civile et d'associations pour la jeunesse dirigées par des jeunes (EuroMed, 2013).

Tableau 3.1. **Dispositions faisant référence aux jeunes dans les constitutions d'une sélection de pays et territoires MENA, 2014 (ou dernière année disponible)**

Égypte (2014)	*Article 82* L'État garantit le bien-être de la jeunesse et des jeunes enfants en plus de les aider à découvrir leurs talents, à développer leurs aptitudes culturelles, scientifiques, psychologiques, créatives et physiques, de les encourager à participer à des activités collectives et bénévoles et de favoriser leur participation à la vie publique. *Article 180 : Élection des conseils locaux* La loi règle les autres conditions de candidature et les procédures électorales, sous réserve de réserver un quart des sièges aux moins de 35 ans. *Article 244 : Représentation des jeunes, des chrétiens, des personnes handicapées, etc.* L'État veille à une représentation adéquate des jeunes, des chrétiens, des personnes handicapées et des expatriés dans la première Chambre des représentants qui sera élue après l'adoption de la présente Constitution, conformément à la loi. *Source :* www.constituteproject.org/constitution/Egypt_2014.pdf.
Jordanie 1952 (amendée en 1984)	-
Libye (2011)* * Déclaration constitutionnelle provisoire de la Libye	*Article 5* La famille est la base principale de la société et est placée à ce titre sous la protection de l'État. L'État protège le mariage et l'encourage. L'État garantit la protection de la maternité, l'enfance et la vieillesse, prend en charge les enfants, les jeunes et les personnes ayant des besoins particuliers. *Source* : www.constituteproject.org/constitution/Libya_2011.pdf.
Maroc (2011)	*Article 33* Il incombe aux pouvoirs publics de prendre toutes les mesures appropriées en vue de : • étendre et généraliser la participation de la jeunesse au développement social, économique, culturel et politique du pays ; • aider les jeunes à s'insérer dans la vie active et associative et prêter assistance à ceux en difficulté d'adaptation scolaire, sociale ou professionnelle, • faciliter l'accès des jeunes à la culture, à la science, à la technologie, à l'art, au sport et aux loisirs, tout en créant les conditions propices au plein déploiement de leur potentiel créatif et innovant dans tous ces domaines. Il est créé à cet effet un Conseil consultatif de la jeunesse et de l'action associative. *Article 170* Le Conseil de la jeunesse et de l'action associative, créé en vertu de l'article 33 de la présente Constitution, est une instance consultative dans les domaines de la protection de la jeunesse et de la promotion de la vie associative. Il est chargé d'étudier et de suivre les questions intéressant ces domaines et de formuler des propositions sur tout sujet d'ordre économique, social et culturel intéressant directement les jeunes et l'action associative, ainsi que le développement des énergies créatives de la jeunesse, et leur incitation à la participation à la vie nationale, dans un esprit de citoyenneté responsable. *Source* : www.amb-maroc.fr/constitution/Nouvelle_Constitution_%20Maroc2011.pdf.
Tunisie (2014)	*Article 8* La jeunesse est une force agissante au service de la construction de la Nation. L'État veille à fournir les conditions permettant aux jeunes de développer leurs capacités, d'épanouir leur énergie, d'assumer leurs responsabilités et d'élargir leur participation au développement social, économique, culturel et politique. *Article 133* La loi électorale garantit la représentativité des jeunes au sein des Conseils des collectivités locales. *Source* : www.businessnews.com.tn/bnpdf/Constitutionfrancais.pdf.
Autorité palestinienne (2003)* *Loi fondamentale faisant fonction de Constitution provisoire	*Article 48* L'État assure le bien-être aux familles, aux mères et aux enfants. Il assure le bien-être des adolescents et des jeunes. La loi règle les droits de l'enfant, de la mère et de la famille conformément aux dispositions des conventions internationales et de la « Charte sur les droits de l'enfant arabe ». L'État fournit notamment sa protection aux enfants contre les traitements dangereux ou cruels, l'exploitation et tout travail susceptible de nuire à leur sécurité, à leur santé ou leur éducation. *Source :* www.palestinianbasiclaw.org/basic-law/2003-permanent-constitution-draft.

Les dispositions constitutionnelles des pays et territoires MENA abordant la question des jeunes soutiennent leur rôle actif dans diverses sphères de la vie et soulignent le besoin de créer un environnement leur permettant de déployer tout leur potentiel et d'assumer des responsabilités. Les jeunes sont habituellement perçus comme des sources de créativité, d'innovation et d'énergie. Les ajustements les plus récents traduisent une prise de conscience grandissante de la nécessité de davantage institutionnaliser la représentation des jeunes – en leur attribuant un nombre minimal de sièges dans les conseils locaux (Égypte), en créant un conseil consultatif des jeunes (Maroc) ou en faisant référence de manière précise à une représentation adéquate des jeunes dans les conseils locaux (Tunisie) et au sein de la première Chambre des représentants (Égypte). La Constitution provisoire libyenne de 2011 et la Loi fondamentale de 2003 de l'Autorité palestinienne évoquent l'obligation pour le gouvernement de prendre soin des adolescents au travers des dispositions relatives au soutien aux familles comme fondement de la société.

Les pays peuvent ne pas mentionner spécifiquement les jeunes dans leur constitution, mais favoriser leur responsabilisation au moyen d'un ensemble de politiques ou d'une politique nationale de la jeunesse bien spécifiques. Dans les pays de l'OCDE, les références à la jeunesse dans la constitution sont rares, voire totalement inexistantes dans le cas de l'Australie, du Canada et de la France. En Allemagne, la Loi fondamentale fait référence à la protection des jeunes personnes afin de justifier d'éventuelles limites ou restrictions des principes fondamentaux, comme la liberté d'expression et de mouvement (Bundestag allemand, 2012). Des droits positifs octroyés par la constitution existent en Italie (article 31 : protection des mères, des enfants et adolescents par l'adoption des dispositions utiles)[1] et en Espagne (section 48 : « Les autorités publiques promeuvent les conditions d'une participation libre et effective des jeunes au développement politique, social, économique et culturel »)[2].

Élaboration et mise en œuvre d'une politique nationale de la jeunesse

La jeunesse représente un thème transversal dans de nombreux domaines des politiques publiques, dont l'emploi, l'éducation, la santé, la justice et les sports. Des politiques nationales de la jeunesse ont vu le jour qui, en mettant en évidence les synergies entre politiques de la jeunesse et autres documents stratégiques, servent de cadre directeur pour forger une vision au bénéfice des jeunes et pour mobiliser et coordonner un appui politique au-delà d'événements ponctuels. Au Royaume-Uni par exemple, la stratégie nationale pour la jeunesse de 2010, intitulée « Du positif pour les jeunes », articule sa vision d'une société bienveillante à l'égard des jeunes autour de trois paramètres clés (des relations de soutien, des ambitions fortes et des opportunités de qualité). Conçue pour les jeunes de 13 à 19 ans, cette stratégie définit un éventail de politiques et d'initiatives publiques dans l'objectif de favoriser la mobilité sociale, lutter contre la pauvreté des enfants, prévenir la délinquance juvénile et réduire les inégalités en matière de santé. Elle mise fortement sur les partenariats locaux entre communautés, associations à but non lucratif, entreprises et conseils locaux pour déployer la politique nationale de la jeunesse en tenant compte du contexte local. Elle comporte un plan de suivi et d'évaluation de la mise en œuvre du programme (UK Government, 2011).

L'encadré 3.1 présente la « Stratégie nationale pour l'implication des enfants et des jeunes dans les prises de décisions nationales, 2015-20 » du gouvernement irlandais. L'Irlande est le premier pays d'Europe à concevoir une stratégie interministérielle visant spécifiquement à donner plus de poids aux mineurs dans les décisions politiques.

Encadré 3.1. **La stratégie nationale interministérielle du gouvernement irlandais pour l'implication des enfants et des jeunes dans les prises de décisions nationales (2015-20)**

Lors du processus d'élaboration de la stratégie, les jeunes ont été invités à participer à l'identification des objectifs et des activités, à travers :

- une consultation nationale impliquant 66 700 enfants et jeunes gens ;
- une consultation publique avec plus de 1 000 parties prenantes ;
- des réunions bilatérales consultatives avec les ministères et organismes d'État concernés ;
- des réunions bilatérales consultatives avec les organismes statutaires indépendants concernés, à l'image du Médiateur pour les enfants et de la Commission pour la santé mentale ;
- des réunions bilatérales consultatives avec des organisations non gouvernementales pour l'enfance et la jeunesse ;
- une analyse documentaire pour évaluer les avancées obtenues et identifier les lacunes et les points à améliorer ;
- un audit des mesures en place à l'échelle du pays pour permettre aux enfants et aux jeunes de participer aux prises de décisions ;
- un examen des rapports de suivi et d'évaluation sur les initiatives de participation des enfants au cours des dix dernières années ;
- une recherche ciblée commandée sur la participation des enfants aux prises de décisions.

Cette stratégie, lancée en juin 2015, poursuit les objectifs et les priorités d'action suivants :

1. permettre aux enfants et aux jeunes d'avoir leur mot à dire dans les décisions prises au niveau des collectivités locales ;
2. permettre aux enfants et aux jeunes d'avoir leur mot à dire dans les décisions concernant l'éducation préscolaire, les écoles et, plus largement, le système formel et informel d'éducation ;
3. permettre aux enfants et aux jeunes d'avoir leur mot à dire dans les décisions qui touchent à leur santé et à leur bien-être, y compris à propos des services médicaux et sociaux dont ils bénéficient ;
4. permettre aux enfants et aux jeunes d'avoir leur mot à dire dans les tribunaux et l'appareil judiciaire.

La stratégie comporte une série d'objectifs additionnels, parmi lesquels :

1. promouvoir un leadership efficace pour défendre et prôner la participation des enfants et des jeunes ;
2. renforcer l'éducation et la formation des professionnels qui travaillent avec les enfants et les jeunes et en leur nom ;
3. intégrer la participation des enfants et des jeunes dans l'élaboration des politiques, des textes de lois et des projets de recherche.

Pour le ministère irlandais de l'Enfance et de la jeunesse, la mesure prioritaire de la stratégie vise à créer un pôle de participation pour les enfants et les jeunes ayant vocation à devenir un centre national d'excellence. Ce pôle aidera les ministères et autres organismes publics à déployer la stratégie à travers des actions de formation, le recensement des meilleures pratiques et une collaboration avec les établissements d'éducation pour superviser le renforcement de l'éducation des professionnels

Encadré 3.1. **La stratégie nationale interministérielle du gouvernement irlandais pour l'implication des enfants et des jeunes dans les prises de décisions nationales (2015-20)** *(suite)*

travaillant avec et pour les enfants et les jeunes gens en matière de droits des enfants. Il hébergera par ailleurs une base de données exhaustive, accessible en ligne, sur des ressources et des documentations pratiques.

Le ministère dispose d'un service dédié à la participation citoyenne, qui doit s'assurer que les enfants et les jeunes aient bien leur mot à dire au moment de concevoir, déployer et suivre les services et les politiques d'envergure nationale et à l'échelle locale touchant leur vie. Pour cela, il collabore avec les autres ministères, les organes statutaires et les organisations non gouvernementales.

Source : Department of Children and Youth Affairs (2015), "National Strategy on Children and Young People's Participation in Decision-making, 2015–2020", Government Publications, Dublin, www.dcya.gov.ie/documents/playandrec/20150617NatStratonChildrenandYoungPeoplesParticipationinDecisionMaking2015-2020.pdf (consulté le 23 mars 2016).

Bien qu'il n'existe pas de cadre unique et unifié proposant des orientations aux décideurs pour élaborer, mettre en œuvre et suivre une politique de la jeunesse, Bacalso et Farrow (2016) relèvent « un consensus international grandissant sur les principes régissant la définition d'une politique de la jeunesse ». En se référant aux cadres internationaux comme la Déclaration de Lisbonne de 1998 sur les politiques et programmes en faveur de la jeunesse et le Programme d'action mondial pour la jeunesse (PAMJ) de 2007 ainsi qu'à des contributions individuelles au débat, à l'image de celle de Lauritzen (1993)[3], ces auteurs proposent huit principes pouvant orienter la conception des politiques de la jeunesse et l'évaluation de leurs résultats. Ils sont résumés à l'encadré 3.2. Ces principes se rapprochent des huit principes identifiés par l'Engagement de Bakou en faveur des politiques de jeunesse (2014) lors du premier Forum mondial sur les politiques de jeunesse, organisé du 28 au 30 octobre 2014 à Bakou, la capitale de l'Azerbaïdjan, et qui a réuni plus de 700 délégués de 165 pays.

Encadré 3.2. **Vers un ensemble de principes directeurs pour une politique (nationale) de la jeunesse**

1. **Démocratique et participative :** légitimation par un parlement élu démocratiquement ; inclusion et participation pleine et entière d'acteurs comme les jeunes professionnels, la société civile, les organisations et mouvements de jeunesse et les jeunes eux-mêmes ; participation à la conception et à la mise en œuvre ; véritable partage du pouvoir entre décideurs et jeunes ; services publics, privés et à but non lucratif prodigués à l'ensemble de la population.

2. **Intersectorielle et transversale :** approche holistique recouvrant tous les champs de l'action publique et dépassant les problématiques typiques des « jeunes » ; reconnaissance de la diversité des contextes, des expériences, des besoins et des aspirations au sein du groupe démographique des « jeunes » ; participation et émancipation des jeunes vulnérables.

3. **Cohérente et coordonnée :** réflexion sur sa viabilité dans le contexte politique actuel ; définition d'un cadre clair, fondé sur les droits, les besoins et le bien-être pour garantir la cohérence ; coordination de la politique inclusive, à plusieurs niveaux et réunissant différentes parties prenantes.

Encadré 3.2. **Vers un ensemble de principes directeurs pour une politique (nationale) de la jeunesse** *(suite)*

4. **Fondée sur des recherches et des données probantes :** recherche continue, cohérente et indépendante sur la jeunesse ; recensement systématique de documents sur les évolutions et les changements dans le temps, des chercheurs compétents et du corpus national de connaissances sur la sociologie des jeunes ; prise de décisions étayée par des éléments probants ; inclusion de mesures objectives et subjectives.

5. **Équitablement budgétée et financée :** allocation de ressources en rapport avec les objectifs de la politique de la jeunesse et les attentes des jeunes ; indépendance des jeunes et des organisations de jeunesse ; rémunération des professionnels du secteur de la jeunesse.

6. **Compétente et professionnelle :** reconnaissance du travail de délégué à la jeunesse comme un métier à part entière ; normes de qualité pour le travail de délégué à la jeunesse et les professionnels du secteur de la jeunesse à l'échelle nationale.

7. **Faisant l'objet d'un suivi et d'une évaluation :** mécanismes efficaces de suivi pour évaluer les performances de la politique et renforcer la responsabilité ; intégration des recherches conduites par les jeunes ; rétroactions organisationnelles et institutionnelles et processus d'apprentissage ; indicateurs nationaux et locaux pour mesurer la réussite des politiques ; inclusion d'évaluateurs extérieurs indépendants ; suivi efficace sur la base des performances.

8. **Ouverte et librement accessible :** annonce des processus de prise de décisions (renouvellement des politiques) ; participation des jeunes, des experts et des parties prenantes avec possibilité de peser sur les décisions et les processus de manière équitable ; transparence par le biais de la publication des informations sur les décisions, les budgets, les bénéficiaires et les évaluations.

Source : Bacalso, C. et A. Farrow (2016), "Youth policies from around the world: International practices and country examples", *Youth Policy Working Paper*, No 1, mars, www.youthpolicy.org/library/wp-content/uploads/library/Youth_Policy_Working_Paper_01_201603.pdf (consulté le 10 avril 2016).

À l'échelle régionale, la Charte africaine de la jeunesse proclamée par l'Union africaine en 2006 fournit des orientations pour l'élaboration d'une politique nationale globale de la jeunesse. En 2016, 36 États membres avaient ratifié cette charte, dont la Tunisie (2011) et la Libye (2008). L'Égypte l'a signée mais ne l'a pas ratifiée. Au-delà des principes évoqués précédemment, la Charte précise que toute politique nationale de la jeunesse devra s'inscrire dans le cadre du développement national du pays. Elle souligne les aspects institutionnels de la représentation des jeunes dans les processus décisionnels et suggère de désigner des « points focaux » pour les jeunes dans les structures officielles et de mettre en place des mécanismes nationaux de coordination des jeunes. Surtout, la Charte appelle à l'introduction de mécanismes de coordination efficace et inclusifs pour permettre aux jeunes hommes et femmes de se mobiliser tout au long du cycle politique.

Le tableau 3.2 propose un résumé de l'état et des principales caractéristiques des stratégies relatives aux jeunes dans certains pays et territoires MENA. En avril 2016, le Maroc et la Jordanie ont formulé une politique nationale de la jeunesse. En Tunisie, le gouvernement a annoncé son intention d'organiser une série de consultations avec les jeunes, à l'échelle régionale et locale, pour préparer une stratégie nationale intégrée en faveur de la jeunesse couvrant plusieurs années. Des stratégies nationales ont été précédemment formulées par la Jordanie et l'Autorité palestinienne, mais le passage de la planification à la concrétisation s'est révélé particulièrement difficile. De fait, beaucoup de ces initiatives sont dictées par les donneurs sans aller de pair avec la mise en place de véritables mécanismes de suivi et de responsabilité. Au Yémen, la dégradation sévère de la sécurité a entraîné une paralysie quasi totale de la mise en œuvre de la politique de la jeunesse pour la période 2006-15.

La représentation institutionnelle des jeunes

Les gouvernements des sept pays et territoires MENA étudiés dans ce rapport ont adopté des approches parallèles de la coordination des politiques de la jeunesse entre les différents ministères et organismes. Le tableau 3.3 synthétise les informations disponibles sur les organes responsables de tout ce qui a trait à la jeunesse. L'option la plus fréquente consiste à créer un ministère dédié – qui inclut souvent le portefeuille des sports. La prise en compte des questions liées à la jeunesse au travers de fédérations de jeunes ne semble pas être une tradition forte, dans la mesure où ces conseils, en général créés sous l'impulsion des donneurs, se sont révélés peu pérennes.

Tableau 3.2. **Existence d'une politique nationale de la jeunesse dans une sélection de pays et territoires MENA**

Pays/Territoires	État et principales caractéristiques de la formulation d'une politique de la jeunesse
Égypte	Le Rapport sur le développement humain de 2010 pour l'Égypte, centré sur la jeunesse, présentait une Politique nationale de la jeunesse élaborée en 2009 par le Conseil national de la jeunesse, un organe qui a depuis été démantelé.
Jordanie	Des stratégies nationales de la jeunesse ont été élaborées en coopération avec le Programme des Nations Unies pour le développement (PNUD) pour la période 2005-09 et un plan national pour l'emploi donnant la priorité aux jeunes a été formulé avec l'appui de l'Organisation internationale du travail (OIT) pour 2011-20. Neuf priorités sont identifiées : la participation des jeunes, les droits civils et la citoyenneté, les activités récréatives et les loisirs, la culture et l'information, les technologies de l'information et la mondialisation, l'éducation et la formation, l'emploi, la santé et l'environnement. La stratégie nationale de la jeunesse aurait été révisée et relancée en 2010 pour la période 2011-15, sachant qu'une nouvelle stratégie pour 2016-18 a été élaborée.
Libye	La Libye a ratifié la Charte africaine de la jeunesse en 2008. La situation actuelle a bloqué les projets d'élaboration d'une politique de la jeunesse à partir de la disposition constitutionnelle appelant l'État à jouer un rôle premier dans la protection des enfants, des adolescents et des handicapés.
Maroc	La Stratégie nationale intégrée de la jeunesse (SNIJ) 2015-30 a été rendue publique en 2014 par le ministère de la Jeunesse et des sports et la Direction générale des collectivités locales, avec l'appui d'organisations internationales. La stratégie « s'inscrit dans l'ambition générale de placer les jeunes au cœur des politiques publiques » et de concrétiser les dispositions concernées de la nouvelle Constitution de 2011. Elle entend fournir une vision stratégique intégrée de la planification et de la programmation pour la jeunesse, en réunissant les différentes actions sectorielles existantes. Elle identifie cinq champs d'intervention : *1)* accroître les opportunités économiques offertes aux jeunes et promouvoir leur employabilité ; *2)* élargir l'accès des jeunes aux services de base et améliorer leur qualité, et réduire les disparités géographiques ; *3)* promouvoir la participation active des jeunes à la vie sociale et civique et au processus de prise de décisions ; *4)* promouvoir le respect des droits humains ; et *5)* renforcer les dispositifs institutionnels en matière de communication, d'information, d'évaluation et de gouvernance. La mise en œuvre de la stratégie sera facilitée par le Plan d'action (2015-30) qui définit les mesures prioritaires, les indicateurs de performance, les responsabilités et un cadre budgétaire.
Autorité palestinienne	Bien qu'un Document national de planification politique et une Stratégie transversale pour la jeunesse aient été préparés, respectivement en 2005 et 2011, ces deux processus sont aujourd'hui à l'arrêt. Le dernier plan fixe quatre objectifs stratégiques : participation, citoyenneté et droits, responsabilisation et accès.
Tunisie	La Tunisie a ratifié la Charte africaine de la jeunesse en 2011. Le pays est en train d'organiser un processus de consultations avec les jeunes pour réunir des éléments utiles à la formulation d'une stratégie nationale intégrée pour la jeunesse.
Yémen	Le Yémen a élaboré une politique de la jeunesse pour la période 2006-15 précisant les interventions en faveur des enfants et des adolescents. Les mesures prévues pour les 15-24 ans prévoient : *1)* la conception d'un Plan d'action et un environnement national pour l'emploi des jeunes ; *2)* le renforcement de l'identité nationale, l'inclusion des jeunes et la participation ; *3)* la multiplication des possibilités de loisirs et la création d'une planification urbaine propice à l'épanouissement des enfants et des jeunes ; et *4)* la prévention des grossesses précoces et la réduction des risques en termes de santé reproductive.

Sources : Youthpolicy.org (s. d.), "Factsheets", www.youthpolicy.org/factsheets (consulté le 12 avril 2016) ; ministère de la Jeunesse et des sports du Maroc (2014), *Stratégie nationale intégrée de la jeunesse 2015-30*, www.mjs.gov.ma/sites/default/files/strategie-morocco.pdf ; EuroMed (2014), *Le travail de jeunesse et l'employabilité des jeunes en Jordanie*, juin, http://euromedyouth.net/IMG/pdf/def_on_line_jorda_de_roule__jordanie__fr.pdf (consulté le 1er avril 2016).

Tableau 3.3. **Organes ayant un mandat officiel en matière de jeunesse dans une sélection de pays et territoires MENA, 2016**

Pays	Ministère	Conseil national de la jeunesse	Fédération de la jeunesse
Égypte	**Ministère de la Jeunesse et des sports**	*(Démantelé)*	*(Conseil révolutionnaire de la jeunesse, démantelé)*
Jordanie	**Ministère de la Jeunesse**		Forum de l'innovation de la jeunesse jordanienne (40 organisations)
Libye	**Ministère de la Jeunesse et des sports**		Forum de la jeunesse libyenne
Maroc	**Ministère de la Jeunesse et des sports**	*(Conseil national de la jeunesse institué par la Constitution de 2011, mais qui n'est pas encore opérationnel)*	
Autorité palestinienne		**Conseil supérieur de la Jeunesse et des sports**	*Conseil législatif palestinien de la jeunesse (initiative des donneurs ; apparemment en cours de réorganisation)*
Tunisie	**Ministère de la Jeunesse et des sports**		*Union tunisienne des organisations de la jeunesse (UTOJ ; démantelée)*
Yémen	**Ministère de la Jeunesse et des sports**		Comité du Conseil national de la jeunesse représentant les conseils locaux de la jeunesse (initiative des donneurs)

Note : La principale entité responsable de la politique et de la coordination des programmes en faveur des jeunes dans chaque pays est indiquée en **gras**. Les entités démantelées et celles qui ont été créées, sans être encore opérationnelles, sont en *italique*.

Source : Youthpolicy.org (s. d.), www.youthpolicy.org/factsheets (consulté le 12 avril 2016) et sites internet des différents organes.

Dans plusieurs pays, le portefeuille de la jeunesse est attribué au ministère de la Jeunesse et des sports même s'il n'est pas toujours correctement doté. Les conseils transversaux créés par le passé dans certains pays et territoires MENA étaient censés faciliter la coordination d'un grand nombre d'organisations pour la jeunesse. Mais la plupart n'avaient pas de mandat pour diriger les activités des ministères de tutelle ni de relation forte avec le centre de gouvernement, comme le cabinet du Premier ministre ou le Président. Ces expériences démontrent l'intérêt d'une responsabilité clairement assignée à un centre chargé de la politique de la jeunesse. Les institutions chefs de file doivent être dotées des capacités et des compétences requises pour mener à bien leur mission de coordination lors de l'identification des besoins des jeunes et la fourniture des services, sur le plan horizontal et vertical, au sein du gouvernement. La nature transversale d'une politique de la jeunesse exige une définition claire des mandats de chaque entité impliquée, qui doivent être parfaitement connus de l'ensemble des administrations publiques et de la population, doublée de mécanismes efficaces de coordination pour éviter d'avoir une couverture parcellaire. Un lien institutionnalisé avec un organe supérieur du centre de gouvernement peut faciliter le contrôle sur toute la palette d'activités nécessaires pour intégrer une programmation en faveur des jeunes. Au Canada par exemple, depuis 2015, la jeunesse fait partie intégrante du mandat du Premier ministre, puisque ce dernier est devenu également ministre des Affaires intergouvernementales et ministre de la Jeunesse. Faute de disposer d'une institution chef de file performante, lorsque des demandes se font entendre en faveur de réformes pour satisfaire les besoins des jeunes, elles se concluent trop souvent par des changements marginaux, comme le transfert de petites unités d'un ministère à l'autre.

Une coordination verticale efficace est essentielle pour s'assurer que la vision nationale pour la jeunesse se traduise bien sur le terrain par un accès amélioré à des services (éducation, santé et autres) et à des emplois de qualité. Des liens étroits entre les différents niveaux de gouvernement sont par ailleurs vitaux, pour garantir que les autorités publiques locales et les acteurs non gouvernementaux, dont les groupes de jeunes eux-mêmes, sont pleinement intégrés dans le processus de conception, de mise en œuvre et d'évaluation des politiques.

La *Recommandation du Conseil de l'OCDE sur l'égalité hommes-femmes dans la vie publique* propose d'utiles orientations pour renforcer le cadre institutionnel permettant de prendre pleinement en compte un champ transversal de l'action publique (encadré 3.3).

Encadré 3.3. **Recommandation du Conseil de l'OCDE sur l'égalité hommes-femmes dans la vie publique : cadre institutionnel pour prendre en compte l'égalité**

Mettre en place un cadre institutionnel propre à garantir une mise en œuvre et une coordination efficaces et la pérennité de la stratégie en faveur de l'égalité des sexes et la prise en compte systématique de la problématique hommes-femmes :

1. en veillant à une définition claire des rôles, responsabilités, mandats et lignes hiérarchiques des principaux organes gouvernementaux et instances de supervision intervenant dans la mise en œuvre des initiatives en faveur de l'égalité des sexes et de la prise en compte de la problématique hommes-femmes ;
2. en renforçant les capacités et les ressources des institutions chargées des questions relatives à l'égalité hommes-femmes, de manière à favoriser une réponse cohérente aux différents échelons concernés de l'administration et à assurer la définition, la mise en œuvre et le suivi de programmes et de politiques tenant compte des disparités entre femmes et hommes dans toutes les composantes de l'administration, à partir de statistiques et d'indicateurs ventilés par sexe. L'efficacité des institutions chargées de l'égalité des sexes peut aussi être renforcée si celles-ci sont placées au plus haut niveau possible de l'administration ;
3. en mettant à la disposition des institutions publiques des capacités et des ressources qui leur permettent d'intégrer l'optique de l'égalité des sexes dans leurs activités, par exemple en désignant des correspondant-e-s pour l'égalité hommes-femmes dans l'ensemble des organes de l'administration, en consacrant des ressources à la formation et en encourageant les efforts de collaboration avec les centres de connaissance pour assurer l'intégration d'une optique sexospécifique dans la production des connaissances, l'encadrement et la communication, en assurant la collecte de données statistiques sur les disparités entre femmes et hommes, ventilées par sexe, dans les domaines de compétence de ces institutions publiques, et en élaborant, à l'intention de ces dernières, des lignes directrices et des outils clairs dans ces domaines, assortis d'une action de communication et d'une définition précise des attentes ;
4. en renforçant les mécanismes de coordination verticale et horizontale de façons à assurer la cohérence des politiques entre les différents organes et échelons de l'administration, en y associant les acteurs non gouvernementaux concernés, afin de garantir une synergie et une mise en œuvre efficace des initiatives en faveur de l'égalité des sexes.

Source : OCDE (2016), *Recommandation de 2015 du Conseil de l'OCDE sur l'égalité hommes-femmes dans la vie publique*, Éditions de l'OCDE, Paris, http://dx.doi.org/10.1787/9789264252875-fr.

Dans certains pays et territoires MENA, les maisons de jeunes représentent un autre cadre institutionnel permettant aux gouvernements d'atteindre ce groupe de population. Au Maroc, un réseau d'environ 500 maisons de jeunes appuie les organisations de jeunes enregistrées et encourage l'inclusion sociale et la participation des jeunes aux activités culturelles, sportives et de loisir locales. Avec un budget annuel de moins de 300 EUR, les maisons de jeunes ne disposent pas des capacités adaptées pour fournir le type de services et d'activités auxquelles aspirent les jeunes. En outre, celles qui existent sont très mal réparties sur le territoire national. En Tunisie, les maisons de jeunes – qui proposent des possibilités d'éducation non formelle et tiennent lieu de centres communautaires pour les associations non gouvernementales impliquées auprès des jeunes – sont confrontées à des problèmes similaires (EuroMed, 2013). Un réseau de maisons de jeunes existe aussi en Jordanie.

Appliquer un « filtre jeunesse » à la gouvernance publique

Cette section présente le cadre analytique du rapport et suggère que la gouvernance publique, à savoir le système d'outils et de processus stratégiques, mais aussi d'institutions, de règles et d'interactions au service d'une élaboration efficace des politiques publiques, peut renforcer ou affaiblir la mobilisation des jeunes hommes et femmes et les politiques en leur faveur.

Deux problèmes affectent particulièrement la relation jeunes/gouvernance publique dans les pays et territoires MENA. Premièrement, l'exclusion des jeunes hommes et femmes de la scène politique et des processus décisionnels les relègue en marge du débat public avec peu de chances d'influencer les choix politiques qui les concernent. Leur marginalisation dans la vie publique risque de perpétuer le cercle vicieux de la frustration ressentie à l'égard des performances des représentants de l'État, d'une perte de confiance des jeunes dans le gouvernement et d'un désengagement progressif de la politique. C'est là un défi que les pays et territoires MENA analysés ici partagent avec bon nombre de pays de l'OCDE. Une gouvernance qui exclut tend à favoriser une petite élite au détriment de la transparence et de la responsabilité mais également d'une répartition équitable des bénéfices sociaux et économiques entre générations. Ensuite, les jeunes étant absents des processus décisionnels, ils déplorent le manque de prise en compte de leurs préoccupations dans les documents stratégiques et la délivrance des services.

Ce rapport est le premier du genre à appliquer un « filtre jeunesse » à la gouvernance publique. Compte tenu de ce double problème – l'exclusion des jeunes du cycle des politiques publiques et l'absence de prise en compte de leurs préoccupations dans les politiques et les stratégies publiques –, ce rapport plaide pour un réajustement de la gouvernance publique telle que pratiquée actuellement afin de tenir compte des attentes de la jeune génération.

Le cadre analytique s'appuie sur l'approche du gouvernement ouvert de l'OCDE, qui veut qu'un gouvernement plus ouvert, transparent, inclusif et responsable induise des résultats politiques plus inclusifs et favorise une croissance sans exclus (graphique 3.3).

Graphique 3.3. **La théorie du changement de l'OCDE en matière de gouvernement ouvert**

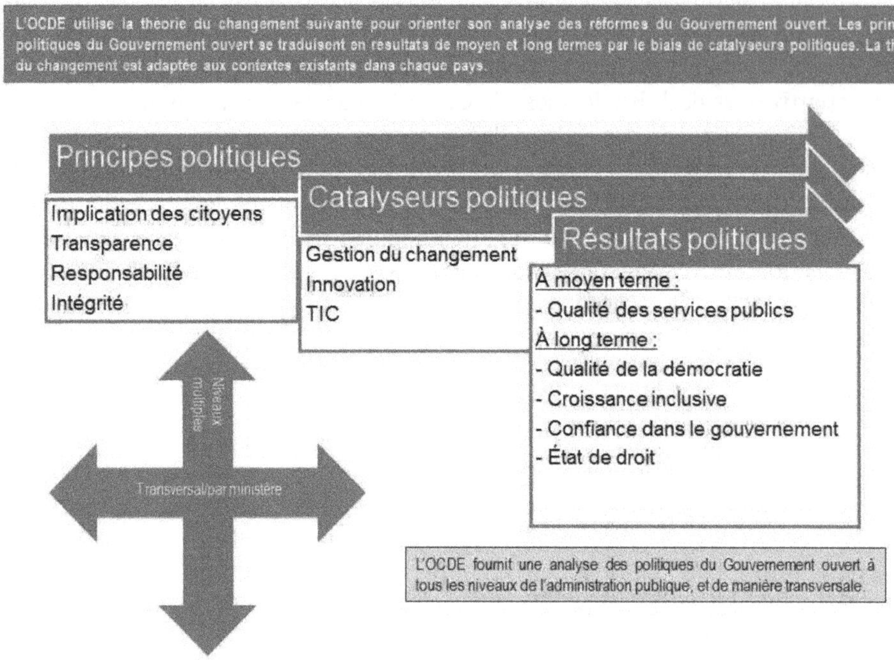

L'OCDE utilise la théorie du changement suivante pour orienter son analyse des réformes du Gouvernement ouvert. Les principes politiques du Gouvernement ouvert se traduisent en résultats de moyen et long termes par le biais de catalyseurs politiques. La théorie du changement est adaptée aux contextes existants dans chaque pays.

Principes politiques
Implication des citoyens
Transparence
Responsabilité
Intégrité

Catalyseurs politiques
Gestion du changement
Innovation
TIC

Résultats politiques
À moyen terme :
- Qualité des services publics
À long terme :
- Qualité de la démocratie
- Croissance inclusive
- Confiance dans le gouvernement
- État de droit

Niveaux multiples
Transversal/par ministère

L'OCDE fournit une analyse des politiques du Gouvernement ouvert à tous les niveaux de l'administration publique, et de manière transversale.

Source : OCDE (2015c), « L'OCDE – un partenaire pour un gouvernement ouvert », www.oecd.org/mena/governance/open-government.htm ; www.slideshare.net/OECD-GOV/open-government-brochure.

Le gouvernement ouvert redéfinit la manière dont les processus, politiques et données du gouvernement doivent être produits, utilisés et mis à la disposition de la population. L'ouverture des informations et des processus décisionnels à un public plus large débouche sur des politiques et des services mieux définis. Les réformes institutionnelles qui visent à accroître la transparence et la participation publique ont un rôle crucial à jouer dans le renforcement de la vigilance et du contrôle publics comme dans la lutte contre la corruption. Les pays et territoires MENA s'engagent depuis peu à promouvoir des institutions et des processus d'élaboration des politiques publiques plus ouverts et inclusifs. Dans le cadre du Partenariat pour le gouvernement ouvert (PGO) et avec l'appui de l'OCDE, la Tunisie, le Maroc, la Jordanie, la Libye, l'Autorité palestinienne et le Liban ont entamé un dialogue avec leurs sociétés civiles. La Tunisie et la Jordanie ont consulté la population pour préparer et mettre en œuvre leurs plans d'action PGO.

Les processus de réforme en cours sont l'occasion d'appliquer un « filtre jeunesse » aux outils du gouvernement ouvert (accès aux cadres d'information ; engagement citoyen ; technologies numériques, etc.) et aux formes traditionnelles d'élaboration des politiques. En appliquant ce « filtre jeunesse » à l'accès aux cadres d'information, par exemple, ce rapport renvoie à des mesures concrètes qui permettraient d'adapter les informations publiques aux besoins des jeunes et d'associer les jeunes au processus de collecte, partage et analyse des données ventilées par âge. L'application d'un tel filtre aux outils du gouvernement ouvert permet de réorienter les actions non plus vers une notion assez abstraite de « citoyens » mais au profit d'un bénéficiaire immédiat des politiques et des services publics (et possible contributeur à leur élaboration et mise en œuvre).

Il faudra qui plus est parvenir à une compréhension commune des cadres de gouvernance publique, censés fixer les règles au sein desquelles les jeunes recherchent des opportunités économiques, sociales et publiques. Jusqu'ici, les freins posés par les institutions, les règles et les interactions existantes pour élaborer les politiques et qui empêchent les jeunes de s'engager n'ont pas encore été suffisamment abordés dans le débat public.

En intégrant les jeunes dans les processus de gouvernance qui sont habituellement laissés à la discrétion des décideurs – comme l'allocation des budgets publics —, les gouvernements œuvreront à la prise en compte des préoccupations des jeunes dans l'ensemble de la sphère publique. Une approche sensible aux problèmes des jeunes en matière d'allocation des dépenses publiques offrirait ainsi aux jeunes un espace pour identifier leurs besoins, co-élaborer les programmes et décider conjointement des priorités de dépenses. Cet engagement dans le cycle politique, avant que les fonds publics ne soient attribués à des programmes donnés, n'est qu'un exemple des différents domaines dans lesquels les jeunes hommes et femmes pourraient jouer un rôle nettement plus actif et constructif qu'actuellement.

Le graphique 3.4 présente le cadre analytique permettant d'appliquer un « filtre jeunesse » à la gouvernance publique.

Graphique 3.4. **Le cadre analytique : appliquer un « filtre jeunesse » à la gouvernance publique**

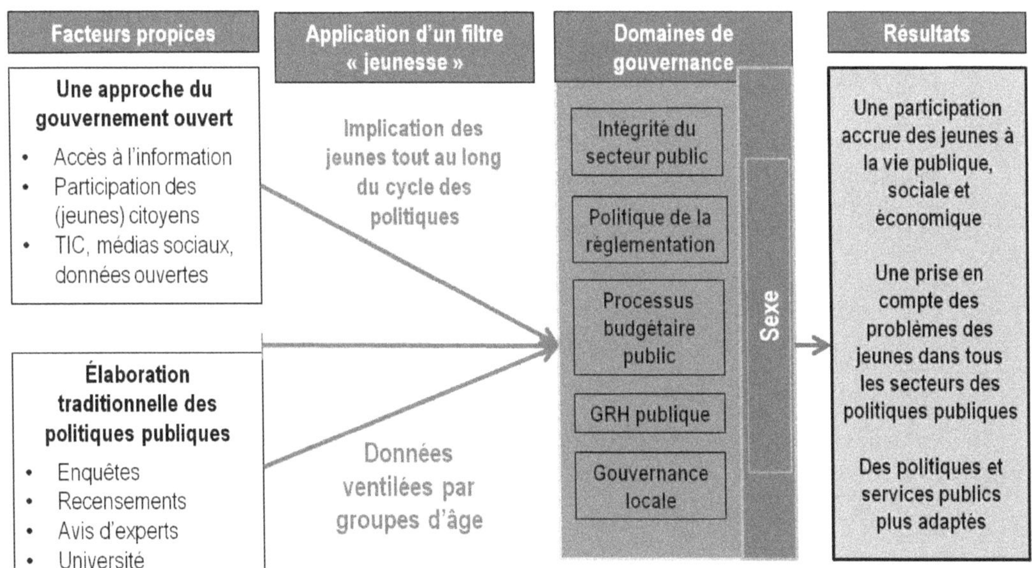

Source : travaux de l'OCDE.

Ce cadre analytique est discuté plus en détail dans les deux chapitres suivants. Le chapitre 4 met en évidence les effets positifs de l'application d'un « filtre jeunesse » aux outils du gouvernement ouvert et aux formes traditionnelles de l'élaboration des politiques. Le chapitre 5 revient sur certains processus et domaines de la gouvernance publique (intégrité du secteur public, politique réglementaire, processus du budget public, gestion publique des ressources humaines, gouvernance locale et égalité hommes-femmes) dans lesquels les jeunes hommes et femmes peuvent jouer un rôle plus actif pour veiller à ce que leurs préoccupations soient prises en compte dans la formulation des politiques publiques et la fourniture des services publics.

Le lien entre jeunesse et gouvernance n'ayant jusqu'ici fait l'objet que de rares études, cette discussion aura un caractère exploratoire.

Notes

1. *Senato della Repubblica* (Constitution de la République italienne), adoptée en 1974 : www.senato.it/documenti/repository/istituzione/costituzione_francese.pdf (consulté le 1er avril 2016).

2. *Congreso de los Diputados* (Constitution espagnole), adoptée en 1978 : www.congreso.es/docu/constituciones/1978/1978_cd.pdf (consulté le 1er avril 2016).

3. En 1992, Lauritzen (1993) identifie huit indicateurs qui constituent, ensemble, une politique nationale ou internationale de la jeunesse : 1) une législation protégeant la jeunesse ; 2) des ressources financières dédiées au sein du budget de l'État ; 3) des infrastructures non gouvernementales ; 4) des structures de formation bénévole et professionnelle ; 5) des capacités de recherche indépendantes sur la jeunesse en général ; 6) des organes consultatifs auprès du gouvernement ; 7) un réseau de communication à l'échelle nationale, régionale et locale entre les autorités, les mouvements de jeunesse et les agences ; et 8) des perspectives d'innovation et de développement.

Références

Bacalso, C. et A. Farrow (2016), « Youth policies from around the world: International practices and country examples », *Youth Policy Working Paper*, No. 1, mars, www.youthpolicy.org/library/wp-content/uploads/library/Youth_Policy_Working_Paper_01_201603.pdf (consulté le 10 avril 2016).

Congreso de los Diputados (1978), *Constitution espagnole*, www.congreso.es/docu/constituciones/1978/1978_cd.pdf (consulté le 1er avril 2016).

Department of Children and Youth Affairs (2015), « National Strategy on Children and Young People's Participation in Decision-making, 2015–2020 », Government Publications, Dublin, www.dcya.gov.ie/documents/playandrec/20150617NatStratonChildrenandYoungPeoplesParticipationinDecisionMaking2015-2020.pdf (consulté le 23 mars 2016).

Deutscher Bundestag (2012), *Loi fondamentale pour la République fédérale d'Allemagne*, novembre, www.bundestag.de/blob/189762/f0568757877611b2e434039d29a1a822/loi_fondamentale-data.pdf.

EuroMed (2014), *Le travail de jeunesse et l'employabilité des jeunes en Jordanie*, juin, http://euromedyouth.net/IMG/pdf/def_on_line_jorda_de_roule__jordanie__fr.pdf.

EuroMed (2013), *Le travail de jeunesse en Tunisie après la révolution*, septembre, http://euromedyouth.net/IMG/pdf/tunisie_apre_s_re_volution_fr.pdf_02-09-13_def.pdf.

Gallup World Poll (2015), www.gallup.com/services/170945/world-poll.aspx (consulté le 10 avril 2016).

International IDEA (trans.) (2014), « Egypt's Constitution of 2014 », Constitute, www.constituteproject.org/constitution/Egypt_2014.pdf (consulté le 1er avril 2016).

Lauritzen, P. (1993), « Youth policy structures in Europe, including 8 indicators for a national youth policy », *in* Ohana, Y. et A. Rothemund (2008), *Eggs in a Pan*, www.coe.int/t/dg4/youth/Source/Resources/Publications/Peter_Lauritzen_book_en.pdf (consulté le 10 avril 2016).

Ministère de la Jeunesse et des sports du Maroc (2014), *Stratégie nationale intégrée de la jeunesse 2015-30*, www.mjs.gov.ma/upload/MoDUle_1/File_1_319.pdf.

Nations Unies (2007), *Programme d'action mondial pour la jeunesse*, www.un.org/esa/socdev/documents/youth/publications/wpay2010FR.pdf (consulté le 1er avril 2016).

OCDE (2016), *Recommandation de 2015 du Conseil de l'OCDE sur l'égalité hommes-femmes dans la vie publique*, Éditions OCDE, Paris, www.oecd.org/fr/gov/recommandation-de-2015-du-conseil-de-l-ocde-sur-l-egalite-hommes-femmes-dans-la-vie-publique-9789264252875-fr.htm.

OCDE (2015a), *All on Board: Making Inclusive Growth Happen*, Éditions OCDE, Paris, http://dx.doi.org/10.1787/9789264218512-en.

OCDE (2015b), *Policy Shaping and Policy Making: The Governance of Inclusive Growth*, www.oecd.org/governance/ministerial/the-governance-of-inclusive-growth.pdf (consulté le 1er avril 2016).

OCDE (2015c), « The OECD - A partner in open government », www.oecd.org/mena/governance/open-government.htm.

OCDE (2012), *OECD Territorial Reviews: The Chicago Tri-State Metropolitan Area, United States 2012*, Éditions OCDE, Paris, http://dx.doi.org/10.1787/9789264170315-en.

Oxford University Press (2011), « Libya's Constitution of 2011 », Constitute, www.constituteproject.org/constitution/Libya_2011.pdf (consulté le 1er avril 2016).

PNUD (trans.) (2014), « Tunisia's Constitution of 2014 », Constitute, www.constituteproject.org/constitution/Tunisia_2014.pdf (consulté le 12 avril 2016).

Ruchti, J.-J. (trans.) (2011), « Draft text of the Constitution adopted at the Referendum of 1 July 2011 », HeinOnline World Constitutions Illustrated Library 2011, www.constitutionnet.org/files/morocco_eng.pdf (consulté le 1er avril 2016).

Senato della Repubblica (1947), *Constitution de la République italienne*, www.senato.it/documenti/repository/istituzione/costituzione_francese.pdf (consulté le 1er avril 2016).

The Palestinian Basic Law (2003), « 2003 Permanent Constitution draft », www.palestinianbasiclaw.org/basic-law/2003-permanent-constitution-draft (consulté le 1er avril 2016).

UK Government (2011), « Positive for Youth - A new approach to cross-government policy for young people aged 13 to 19 », gouvernement du Royaume-Uni, www.gov.uk/government/uploads/ system/uploads/attachment_data/file/175496/DFE-00133-2011.pdf.

UNESCO (1998), *Déclaration de Lisbonne sur les politiques et programmes en faveur de la jeunesse*, wwwv1.agora21.org/jeune/declaration-lisbonne.pdf (consulté le 12 avril 2016).

Union africaine (2006), *Charte africaine de la jeunesse*, www.un.org/fr/africa/osaa/pdf/au/african_youth_charter_2006f.pdf (consulté le 1er avril 2016).

Youthpolicy (2014), « 1st Global Forum on Youth Policies, Report », 28-30 octobre, Bakou, www.youthpolicy.org/pdfs/GFYP_Report_20151015.pdf (consulté le 1er avril 2016).

Youthpolicy.org (s. d.), « Factsheets », www.youthpolicy.org/factsheets (consulté le 12 avril 2016).

Chapitre 4

Le gouvernement ouvert : un levier pour mobiliser les jeunes

Les outils du gouvernement ouvert font partie de ces voies encore peu exploitées pour améliorer les conditions dans lesquelles la jeunesse peut faire entendre sa voix et participer à la vie de la cité. Ce chapitre présente des pistes permettant, à travers l'application d'un « filtre jeunesse » aux outils du gouvernement ouvert, de capitaliser sur le désir des jeunes hommes et femmes d'exercer une véritable influence sur le processus décisionnel. Il analyse la manière dont l'accès à l'information, la création d'institutions formelles pour la participation et les nouvelles technologies peuvent démanteler les barrières qui empêchent les jeunes de s'engager aux côtés de leurs gouvernements.

Les outils et les politiques du gouvernement ouvert peuvent servir à améliorer les conditions dans lesquelles les jeunes parviennent à entendre leur voix et jouent un rôle plus actif dans la définition des décisions qui infléchiront leur avenir. Pour l'instant cependant, le gouvernement ouvert reste une possibilité encore trop peu exploitée pour faire asseoir les jeunes à la table des négociations.

Si jeunesse savait : l'accès aux politiques d'information

Quand les jeunes ont accès à des informations de qualité, ils sont mieux informés et peuvent jouer un rôle plus actif dans le débat public. Des dispositions juridiques et des capacités institutionnelles solides feront une véritable différence pour fournir des informations que les jeunes espèrent complètes, objectives, claires et fiables. De leur côté, les décideurs doivent disposer de données ventilées par âge et ciblées sur les jeunes couvrant différents domaines de l'action publique pour pouvoir proposer des solutions adaptées aux défis auxquels se heurte la jeune génération.

Dans la plupart des pays de l'OCDE, les citoyens jouissent d'un droit spécifique d'accès à l'information. À cette fin, des procédures précises ont été mises en place pour réglementer notamment la divulgation proactive des informations et la manière dont elles sont fournies (encadré 4.1).

Encadré 4.1. **Panorama des cadres d'accès à l'information dans les pays de l'OCDE**

En 2011, 31 des 34 pays membres de l'OCDE disposent d'une politique d'accès à l'information. Dans 25 cas, la politique concerne les informations produites au niveau central et infranational. Dans tous les pays, l'exécutif a pour obligation de divulguer les informations tandis que le pouvoir législatif et le pouvoir judiciaire ne sont tenus de le faire que dans 16 pays. Les entités privées sont concernées dans 18 pays membres.

Le principe d'une divulgation la plus large possible de l'information s'applique dans tous les pays de l'OCDE. Cette règle connaît des exceptions catégorielles (par exemple, la sécurité nationale, les relations internationales, les données personnelles, la confidentialité des transactions commerciales, l'ordre public) ou définies selon un critère de préjudice (personnes physiques, défense de l'État, concurrence commerciale). Tous les pays de l'OCDE diffusent l'information de manière proactive.

Le droit de savoir est garanti au titre de la protection de la vie privée, de l'intégrité et de l'anonymat des parties et des individus qui demandent une information. Dans trois pays membres sur quatre, les fonctionnaires ont l'obligation formelle d'accompagner les demandeurs dans leur démarche. Moins de la moitié des pays membres facilitent l'accès à l'information des handicapés.

Les pays de l'OCDE proposent aux citoyens divers canaux pour soumettre des requêtes (forme orale ou écrite, par téléphone, en ligne, en personne), avec des normes garantissant un délai de réponse rapide (souvent 20 jours). Dans environ 25 % des pays, la requête est gérée en ligne et son traitement peut être suivi en ligne.

Des portails centraux en ligne existent dans 81 % des pays de l'OCDE, en plus d'autres canaux et portails en ligne, comme les sites Internet des ministères. La plupart des pays de l'OCDE imposent de publier les informations dans un format réutilisable.

Source : OCDE (2011a), *Panorama des administrations publiques 2011*, Éditions OCDE, Paris, http://dx.doi.org/10.1787/gov_glance-2011-fr.

Le droit des jeunes à accéder à l'information a été reconnu par la Déclaration universelle des droits de l'homme, la Convention des droits de l'enfant et la Convention de sauvegarde des droits de l'homme et des libertés fondamentales. Récemment, sous la pression des jeunes et l'aspiration de certains pays et territoires MENA à faire respecter les engagements pris dans le cadre du Partenariat pour le gouvernement ouvert (PGO), la nécessité de renforcer leurs cadres juridiques et institutionnels respectifs a attiré l'attention des décideurs et des acteurs non gouvernementaux.

Après avoir adopté un décret-loi sur l'accès aux documents administratifs en 2011, la Tunisie a adopté une loi organique sur l'accès à l'information au printemps 2016. Ce texte constitue une étape importante pour accroître la transparence, dans la mesure où elle limite les exceptions à l'accès à l'information et créée une instance *ad hoc* pour garantir le respect de ce droit dans les faits. La constitution du Maroc garantit l'accès à l'information. Un projet de loi a été adopté par la chambre des Représentants qui doit être approuvé par la chambre des Conseillers. En Jordanie, un amendement à la loi de 2012 a donné aux non-nationaux un accès à l'information. Ce pays a été le premier pays de la région MENA à instituer un droit à l'information si un motif légitime existe, mais des lois en vigueur peuvent y déroger, par exemple la législation protégeant les secrets d'État et la Loi provisoire sur les documents.

Les informations que réclament les jeunes pour gérer les moments clés de leur vie peuvent différer des demandes des représentants des autres classes d'âge. Les jeunes peuvent rechercher des informations sur la performance des écoles et les services d'enseignement, la santé reproductive, le planning familial et les opportunités d'emploi, entre autres choses. La demande de données probantes centrées sur les jeunes est un défi auquel les décideurs ont du mal à répondre, à l'image de ce qui se fait dans bon nombre de pays de l'OCDE qui optent pour une approche fondée sur les événements de la vie pour assurer les services publics[1]. Même des domaines moins évidents peuvent les intéresser vivement. Étant donné l'impact de l'allocation des recettes de l'État sur la disponibilité et la qualité des services publics, les données sur les dépenses liées à la jeunesse devraient être accessibles pour renforcer la responsabilité. Pour permettre aux jeunes d'absorber ces informations et en faire un usage concret, celles-ci doivent être pertinentes, précises, bien communiquées et présentées en temps utile d'une facile à comprendre et accessible.

Les décideurs de la région MENA doivent connaître les habitudes des jeunes en termes d'accès à l'information pour mieux les atteindre. Avec le nombre croissant de natifs du numérique et un taux sans précédent d'utilisation de la téléphonie mobile, toute stratégie gouvernementale doit exploiter la gamme complète des technologies de l'information et des communications (TIC). Les obstacles à l'utilisation des TIC doivent être levés en évitant de créer de nouveaux clivages. Des approches traditionnelles, surtout dans les zones rurales isolés et les zones urbaines marginalisées (tables rondes et services de conseil par exemple) doivent venir compléter des formes plus novatrices d'engagement. Des initiatives récentes font appel à une approche explicitement fondée sur les droits pour plaider en faveur de l'accès des jeunes à l'information. L'encadré 4.2, sur la campagne « L'information, ici et maintenant ! » présente l'une d'elles.

Encadré 4.2. **La campagne « L'information, ici et maintenant ! »**

La campagne « L'information, ici et maintenant ! » a été lancée en 2012 par l'Agence européenne pour l'information et le conseil des jeunes (ERYICA) et le Conseil de l'Europe afin de promouvoir une approche fondée sur les droits en matière d'accès des jeunes à l'information.

Cette campagne a ciblé les jeunes, les décideurs et les médias dans toute l'Europe dans le but de les sensibiliser au fait que les jeunes ont effectivement un droit à l'information. Dans l'Ex-République yougoslave de Macédoine, des jeunes et des jeunes travailleurs ont rencontré les présidents des conseils municipaux ; la Croatie a organisé des salons d'information pour la jeunesse tandis qu'en Suède, des jeunes se sont réunis pour célébrer le droit à l'information lors d'un festival des arts de la rue.

Source : Agence européenne pour l'information et le conseil des jeunes (2012), « L'information, ici et maintenant ! », www.informationrightnow.eu (consulté le 16 octobre 2015).

La rareté des données spécifiques sur les jeunes constitue un deuxième aspect auquel les décideurs et la société civile doivent s'intéresser.

Les jeunes sont par définition dans une période transitoire de leur existence, durant laquelle ils passent de l'école au monde du travail et quittent leurs familles pour prendre leur place d'adultes dans la société. Les données doivent être ventilées de manière suffisamment fine pour appuyer des conclusions valant pour tous les sous-groupes cibles des politiques publiques – riches et pauvres, hommes et femmes, ruraux et urbains, instruits et analphabètes, en bonne santé ou handicapés – et examiner les interactions entre ces caractéristiques et la vie des jeunes du pays. L'intégration des données joue un rôle crucial sur ce plan. Les informations sur les questions de santé reproductive, comme les grossesses des adolescentes, peuvent par exemple, si elles sont reliées à des informations sur la participation à la main-d'œuvre, la scolarisation, les revenus et d'autres variables sociales, fournir des éléments importants aux décideurs afin de concevoir, dans une perspective d'ensemble, des initiatives adaptées à des problèmes spécifiques. Les données sur l'emploi doivent être rapprochées des données sur l'éducation, le milieu social et les revenus pour servir de socle à des politiques publiques fondées sur les faits et des programmes d'assistance.

En Égypte, la collaboration entre l'agence centrale de la mobilisation publique et des statistiques, la CAPMAS, et le Conseil de la population, un organisme de recherche privé, est un bon exemple du type d'analyse transversale susceptible d'éclairer les décisions sur les jeunes (encadré 4.3). L'Enquête sur les jeunes en Égypte (SYPE), menée une première fois en 2009, a été renouvelée en 2014. Elle dresse un portrait détaillé de la manière dont les caractéristiques économiques et sociales et les modes de vie des jeunes Égyptiens ont évolué au cours de ces cinq années.

Encadré 4.3. **Améliorer les bases empiriques sous-tendant l'élaboration d'une politique de la jeunesse : l'Enquête sur les jeunes en Égypte**

Le manque d'informations détaillées, globales et fiables sur les jeunes a amené le Conseil de la population en Égypte à réunir en 2006 une large coalition d'institutions publiques et privées afin de conduire ce qui est devenu l'Enquête sur les jeunes en Égypte (SYPE). Administrée dans l'ensemble du pays, l'enquête SYPE a couvert des thèmes comme la santé, l'éducation, l'emploi, les migrations internationales, le mariage et la formation des familles, les questions sociales, les valeurs, l'engagement civique, l'utilisation du temps et les attitudes à l'égard de l'autre sexe.

L'enquête SYPE a adopté un modèle prenant en compte les variations au sein de la population jeune, en veillant à intégrer les bidonvilles, où résident la majorité des habitants des villes égyptiennes. Des questionnaires détaillés, différents selon les âges et incluant un test d'aptitude, ont été administrés à plus de 15 000 jeunes. L'échantillon a été défini en étroite collaboration avec l'organisme du recensement officiel en Égypte, la CAPMAS. Outre la CAPMAS et le Conseil de la population, l'enquête SYPE a sollicité le Centre national des examens et de l'évaluation de l'enseignement et le Centre d'appui à l'information et à la décision du cabinet du Premier ministre. Le rapport final de l'enquête SYPE a été publié en 2011, mais les données SYPE continuent d'être utilisées pour la recherche et l'analyse, compte tenu du caractère exceptionnellement complet de la base de données et parce que le Conseil de la population a mis les données à la disposition de tous les chercheurs.

L'enquête SYPE a fait la preuve de sa valeur pour l'analyse politique et la prise de décisions au travers de nombreuses études et publications. L'expérience montre l'intérêt d'une approche suffisamment large du recueil de données pour permettre l'examen des principales corrélations : entre le travail et l'éducation, la santé et la vie de famille, les valeurs et les attitudes à l'égard de l'autre sexe. Cela souligne le besoin d'investir dans le recueil de données et l'importance de mobiliser des coalitions larges, associant institutions privées et publiques, afin de mener à bien l'analyse globale et à grande échelle qui est nécessaire. Le défi est d'institutionnaliser ce type de travail fondé sur les données, pour permettre sa réplication au service d'une prise de décisions saine et d'une gouvernance publique sensible aux enjeux de la jeunesse.

L'équipe SYPE 2014 a pu effectuer un suivi de bon nombre anciens participants de la vague de 2009, offrant ainsi un vaste panel de données sans équivalent éclairant la manière dont la vie des jeunes a évolué.

Source : Conseil de la population, Bureau Asie de l'Ouest et Afrique du Nord (2011), *Survey of Young People in Egypt: Final Report*, janvier ; Dr. Ghada Barsoum, Enquêteur principal SYPE, échange personnel, octobre 2014.

Mettre les jeunes en marche : opportunités et défis de l'engagement des jeunes

Permettre systématiquement aux citoyens de s'engager est une composante fondamentale des stratégies du gouvernement ouvert. Cela renvoie à l'existence de mécanismes formels et informels pour permettre à tous les segments de la société de participer aux différentes étapes du cycle d'élaboration des politiques publique. Malgré l'augmentation inédite du nombre d'associations créées par des jeunes et pour les jeunes dans la région, le manque de capacités et le scepticisme d'ensemble vis-à-vis des associations de jeunes font partie des obstacles à l'organisation et la mobilisation réussies des intérêts des jeunes (EuroMed, 2013).

L'engagement peut prendre des formes très variées, comme les propositions de loi, le lancement de pétitions ou les commentaires sur les projets de loi au travers de consultations, en ligne ou traditionnelles (OCDE, 2015b). Des dispositions spécifiques, conçues pour inciter les jeunes à participer à ces processus, peuvent lever une partie de la chape qui les dissuade de jouer un rôle plus actif. Mais, à de nombreux égards, les engagements politiques pris par les pays et territoires MENA en faveur d'un gouvernement plus ouvert ne se sont pas encore traduits par de véritables opportunités permettant à tous les membres de la société, y compris les jeunes, de s'engager à plus grande échelle.

Permettre aux jeunes d'influencer les décisions politiques pourrait contribuer à légitimer les processus et les politiques qui en découlent et leur donner un levier d'action pour tenir les gouvernements comptables de leurs actes (OCDE, 2015c). Les éléments rassemblés par l'OCDE montrent que l'expression politique et la participation au fonctionnement politique d'une société sont essentielles au bien-être des individus (OCDE, 2011b).

En outre, l'engagement des jeunes de la région MENA leur permet d'acquérir des compétences individuelles, comme la prise de parole en public, la capacité d'action et ou un sens de la citoyenneté active et des principes démocratiques. Mais, comme l'a justement fait remarquer Farrow (2015), « en faisant du perfectionnement individuel, plutôt que du changement social, le résultat désiré, on transforme toute forme de participation en une histoire de succès personnel qui produit peu de changements sur le plan politique, social ou économique ». L'intention des décideurs de renforcer les compétences des jeunes est aussi importante que de pousser les réformes institutionnelles et juridiques afin de rendre les structures actuelles de gouvernance mieux adaptées aux profils des jeunes.

Tour d'horizon de l'engagement des jeunes dans les pays et territoires MENA

Dans sa version la plus courante, l'engagement civique ou politique est mesuré par le taux de participation électorale. L'indicateur du vivre mieux de l'OCDE prend en compte le niveau de transparence du processus de préparation des textes de loi par le gouvernement. Des définitions plus larges renvoient aux activités sur le terrain (comme le bénévolat), à la participation à des manifestations et à des formes officielles d'engagement (être membre d'organisations de la société civile ou prendre part à des consultations publiques).

Ce rapport adopte une définition large de l'engagement. Il prend en compte le fait que les modalités traditionnelles de participation sont en déclin dans les pays de l'OCDE comme dans les pays et territoires MENA. Une forte abstention lors des élections nationales et locales ne doit pas induire en erreur les décideurs, qui pourraient croire que les jeunes se désintéressent de la politique. Les jeunes férus de technologie de la région MENA ont fait un usage sans précédent des médias sociaux, blogs et autres canaux informels pour faire entendre leur voix, contribuant ainsi aux soulèvements populaires du « Printemps arabe ». Cela montre que les jeunes forment un groupe hétérogène, aux caractéristiques socioéconomiques et culturelles diverses et ayant des préférences et des moyens pour s'engager dans la chose publique eux aussi variés. Le Conseil de l'Europe a déjà défendu le principe d'une définition élargie de la participation avec la *Charte européenne révisée de la participation des jeunes à la vie locale et régionale*[2].

Deux études récentes soulignent la pertinence d'une prise en compte des activités politiques formelles et informelles. L'enquête SYPE de 2014 en Égypte et une étude ciblée sur la participation des jeunes en Tunisie réalisée en 2013 par I Watch (une organisation de la société civile tunisienne) ont montré que, contrairement à ce que beaucoup attendaient au lendemain des soulèvements du Printemps arabe, les jeunes de la région MENA ont rarement opté pour les formes traditionnelles de participation à la vie publique. Bien qu'ils figurent parmi les dirigeants actifs des principales organisations de la société civile, les jeunes ne sont que 5 % à être affiliés à un parti politique, selon l'étude d'I Watch, sachant que 3 % à peine y jouent un rôle actif. Les conclusions de cette étude sont discutées dans l'encadré 4.4. L'enquête SYPE a relevé des niveaux encore plus faibles en Égypte, puisque la part d'adhérents revendiqués à un parti politique, un syndicat ou une ONG tombe au-dessous des 1 %. Au Maroc, une enquête de 2012 réalisée par le Haut-commissariat au plan a révélé que seuls 6 % des jeunes sont membres d'une organisation de la société civile et que 1,3 % uniquement sont affiliés à un parti politique ou à un syndicat (El Mnasfi, 2013).

Encadré 4.4. **Attitudes des jeunes Tunisiens vis-à-vis de l'engagement politique**

I Watch, une organisation de la société civile tunisienne, a interrogé 600 jeunes Tunisiens (âgés de 18 à 35 ans) et mesuré leurs attitudes vis-à-vis de la participation politique et de la démocratie participative. Les conclusions d'ensemble soulignent la faible implication dans l'activité politique formelle des jeunes Tunisiens après la « révolution de jasmin ». Selon l'étude, « [t]rois ans après la révolution, les jeunes Tunisiens croient peu en la politique et en ses institutions ». Les auteurs indiquent que les jeunes sont beaucoup plus intéressés par les mécanismes informels de participation, comme la signature de pétitions, la participation à des manifestations ou au travers des médias sociaux, près des deux tiers des personnes interrogées indiquant avoir manifesté au cours de l'année passée.

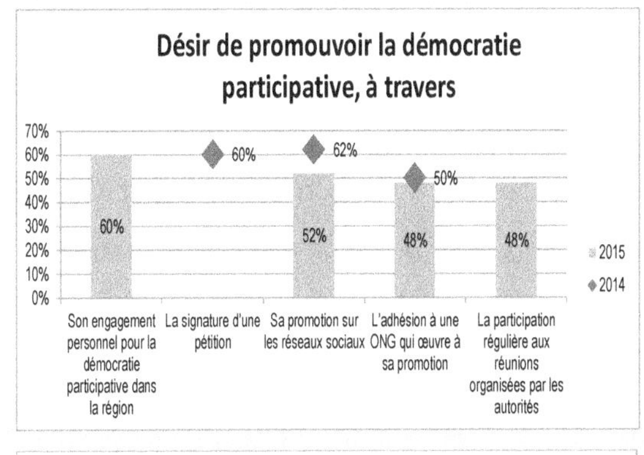

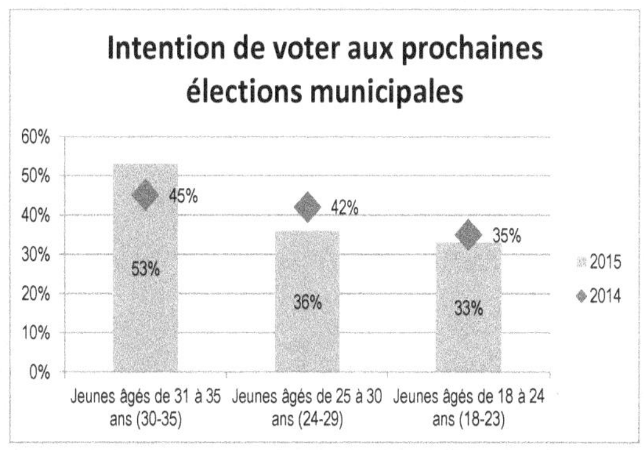

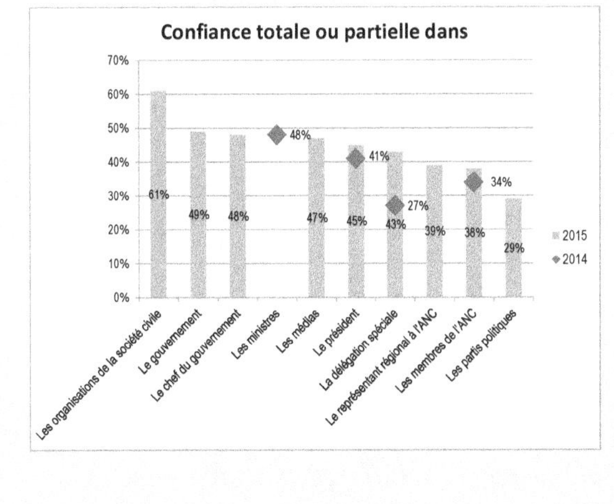

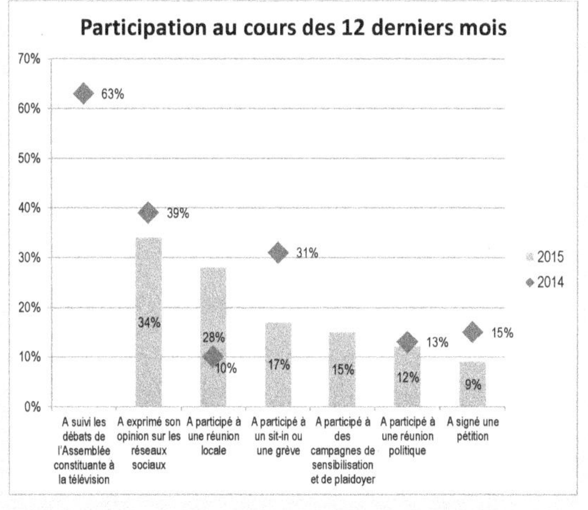

Encadré 4.4. **Attitudes des jeunes Tunisiens vis-à-vis de l'engagement politique** *(suite)*

Seule une minorité de jeunes indiquait envisager de participer aux prochaines élections municipales. Les données d'enquête montrent cependant que l'intérêt pour la participation politique formelle au travers du vote augmente avec l'âge, au moins parmi les jeunes Tunisiens. Cette conclusion est cohérente avec d'autres données internationales.

Des données récentes tirées de l'enquête de 2015 suggèrent qu'à quelques exceptions positives près (participation des jeunes aux réunions locales ; confiance dans certaines institutions publiques), le degré d'engagement des jeunes appartenant aux catégories couvertes par ce rapport s'érode progressivement.

Source : I Watch (2014), « Survey on youth perceptions of participatory democracy », I Watch, Tunis ; Ballingen, J. (2002), « Youth voter turnout », *in* López P., R. et M. Gratschew (dir. pub.), *Voter Turnout: A Global Report*, IDEA, Stockholm, pp. 111-114.

Ces premières conclusions ont d'importantes implications politiques, particulièrement au regard des similarités de formes de participation dans d'autres pays et territoires MENA. Pour les jeunes d'aujourd'hui, lancer une campagne par un *hashtag* accrocheur aura un impact plus rapide et fort pour mobiliser ses pairs autour d'une cause commune que le fait de passer par un parti politique souvent dominé par des personnes plus âgées. En s'adressant aux jeunes *via* les réseaux dans lesquels ils se sentent à l'aise pour s'exprimer, les gouvernements atteindront les plus réticents ou ceux qui n'ont pas les capacités de s'engager dans des processus formels. Cependant, les décisions politiques finales étant prises par des canaux plus officiels, l'attractivité des solutions traditionnelles doit être renforcée en donnant véritablement aux jeunes les moyens de se faire entendre et d'avoir de l'influence. Les responsables publics doivent acquérir les compétences requises pour interagir avec les jeunes à travers les réseaux, en ligne ou non. Des directives claires pour la communication accompagnées d'une remise à niveau des ressources techniques et financières sont indispensables pour relayer la manière dont les idées et les commentaires des jeunes ont été pris en compte et, ainsi, boucler la boucle.

Le jeune actif type de la région MENA est un individu de sexe masculin instruit, bien informé et connecté

Pour mieux comprendre les écarts de participation civique des jeunes, l'organisation humanitaire internationale Mercy Corps a réalisé une étude dans tous les pays et territoires MENA (Mercy Corps, 2012). Comme ce rapport, l'étude fait l'hypothèse que la visibilité du militantisme public des jeunes en dehors des dispositifs formels révèle leur frustration à l'égard des institutions et normes existantes. S'appuyant sur des données du Baromètre arabe, l'étude montre que le militant type est de sexe masculin, plutôt instruit, intéressé par la politique et usager régulier des médias et autres sources en quête d'informations, y compris *via* Internet[3]. Elle en conclut que le statut socioéconomique du ménage est un facteur déterminant du degré de participation civique et politique des jeunes dans la région MENA.

Qu'est-ce qu'un « bon » engagement des jeunes ?

L'engagement diffère en termes de degré de formalisation (formel/informel), d'appropriation de la démarche (à l'initiative des jeunes/du gouvernement), de portée (projets spécifiques/engagement ou représentation des besoins des jeunes sur le long terme) comme d'orientation thématique. Cet aperçu des différentes dimensions, loin d'être exhaustif, suggère qu'une évaluation de la qualité de l'engagement des jeunes dépend au final du format ainsi que des résultats et de l'impact attendus.

Les concepts les plus connus pour évaluer la qualité de l'engagement des jeunes sont inspirés des théories classiques de la participation, à l'image de l'échelle de la participation citoyenne de Sherry Arnstein (1969). Pour Arnstein, participation citoyenne rime avec pleins pouvoirs du citoyen, de sorte que :

« [c]'est la redistribution du pouvoir qui permet aux citoyens privés de pouvoir, aujourd'hui exclus des processus politique et économique, d'y être sciemment inclus à l'avenir. Cette stratégie permet aux sans pouvoir de s'associer à la définition des modalités du partage de l'information, des objectifs et des politiques, de l'allocation des ressources fiscales, de la mise en œuvre des programmes et de la répartition des bénéfices tirés de contrats ou du mécénat. En un mot, il s'agit des moyens à travers lesquels ils peuvent induire une réforme sociale significative et, ce faisant, partager les bénéfices de la société d'abondance. »

Repartant du modèle d'Arnstein, Roger Hart – un ancien employé de l'UNICEF – met au point au début des années 1990 une échelle de la participation des enfants, connue comme « l'échelle de la participation des jeunes » (encadré 4.5). Pour Hart, un pays est démocratique au sens où ses citoyens participent à la vie de la société, notamment à l'échelle communautaire. L'engagement citoyen est un processus d'apprentissage au cours duquel « [la] confiance et les compétences nécessaires à la participation s'acquièrent progressivement par la pratique. C'est pourquoi dans toute nation aspirant à la démocratie, et surtout dans celles qui sont déjà convaincues d'être démocratiques, les enfants devraient se voir offrir graduellement de plus en plus d'occasions de participer » (Hart, 1992). Malheureusement, conclut-il, la participation, à différents degrés, des enfants et des jeunes dans le monde « prend souvent la forme d'une exploitation ou reste superficielle. »

Encadré 4.5. **Évaluer la qualité de la participation des jeunes : l'échelle de Hart revisitée**

L'échelle de Hart comporte sept échelons et vise à évaluer le degré d'engagement des jeunes dans les processus décisionnels. À l'échelon inférieur, les adultes/les gouvernements ont une autorité totale et incontestée et abusent de ce pouvoir (« manipulation ») tandis qu'à l'échelon supérieur, les jeunes sont considérés comme des partenaires égaux (« les jeunes et les adultes partagent les prises de décision »). Bien évidemment, tous les projets gouvernementaux ne permettent pas d'atteindre ce niveau le plus poussé d'engagement des jeunes. Les gouvernements doivent, dans une première étape décisive, rechercher un niveau minimum de participation, caractérisé par le refus d'une omission délibérée des préoccupations des jeunes ou des formes fictives de participation.

Sources : Hart, R. (1992), *Children's Participation from Tokenism to Citizenship*, UNICEF Innocenti Research Centre, Florence, www.unicef-irc.org/publications/pdf/childrens_participation.pdf ; Government of New Zealand (s. d.), « Hart's Ladder », Ministry of Youth Development, www.myd.govt.nz/documents/engagement/harts-ladder.pdf (consulté le 1er avril 2016).

Le modèle des voies d'accès à la participation de Harry Shier (2001) définit cinq niveaux de participation (graphique 4.1). Sous sa forme la plus rudimentaire, les gouvernements mettent en place des dispositifs officiels d'écoute des jeunes tandis que sous sa forme la plus sophistiquée, il y a un partage égal du pouvoir de décision entre les jeunes et les responsables gouvernementaux. Pour chaque niveau, Shier identifie trois degrés de participation (ouvertures, possibilités et obligations).

Conformément à la définition de la « participation active » (par rapport à l'information et la consultation) adoptée par le rapport de l'OCDE *Des citoyens partenaires : information, consultation et participation à la formulation des politiques publiques* (2001), les deux modèles présentés ci-dessus soulignent l'importance d'une approche partenariale entre les jeunes et le gouvernement permettant aux deux parties de partager responsabilités et pouvoir. Même si, au final, c'est au gouvernement que revient la responsabilité de prendre les décisions ou de formuler telle ou telle politique, le fait pour les jeunes d'être sur un pied d'égalité avec les responsables publics au moment de définir l'ordre du jour, proposer des options et forger le dialogue est typique d'une forme avancée de mobilisation de la jeunesse.

Graphique 4.1. **Les voies d'accès à la participation de Shier**

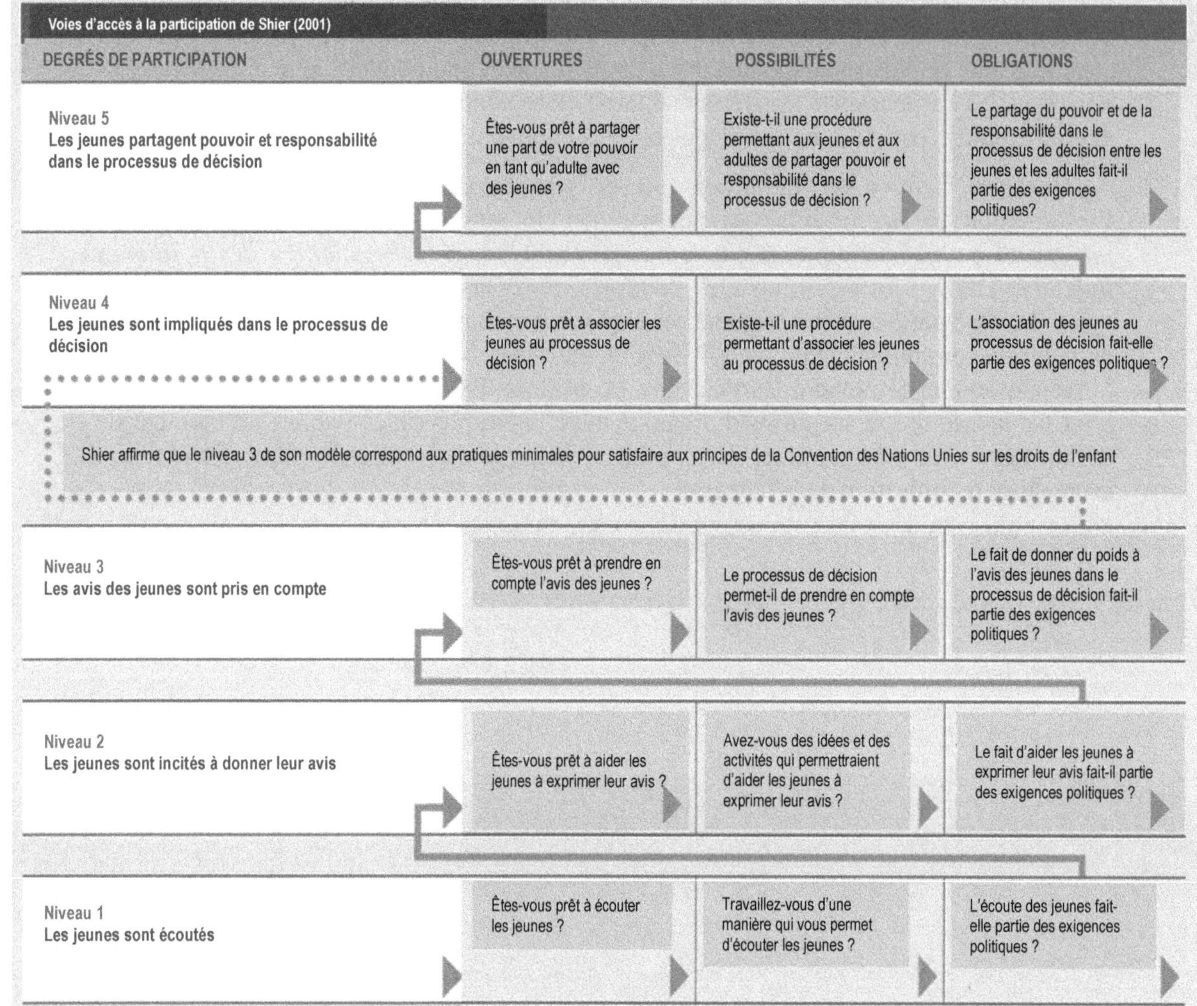

Sources : Shier, H. (2001), « Pathways to participation: Openings, opportunities and obligations », *Children and Society*, Vol. 15, John Wiley and Sons Ltd., pp. 107-117, www.ipkl.gu.se/digitalAssets/1429 /1429848_shier2001.pdf ; Government of New Zealand (s. d., b), « Shier's pathways to participation », Ministry of Youth Development, www.myd.govt.nz/documents/engagement/shier.pdf (consulté le 12 avril 2016).

Impliquer les jeunes dans les consultations publiques

La solution du partage du pouvoir entre les gouvernements et les jeunes n'est pas toujours envisageable ni forcément la plus efficace pour mobiliser la jeunesse. Selon l'enjeu, impliquer les jeunes dans les consultations publiques peut offrir une alternative viable. Si les mécanismes de consultation des citoyens existent dans les pays et territoires MENA, ils pêchent en général par une forte sous-représentation des jeunes. Tandis que de nombreux jeunes ne savent tout simplement pas qu'ils peuvent faire connaître leur opinion par ce biais, d'autres trouvent trop compliqué ou sans intérêt d'utiliser un mécanisme qui n'est pas toujours accompagné d'une procédure claire de suivi. Lorsqu'ils ont le sentiment que leur avis ne fera aucune différence en termes de résultats, les jeunes n'ont guère tendance à vouloir s'impliquer. Le *Guide du praticien MENA-OCDE pour impliquer les parties prenantes dans le processus législatif* (OCDE, 2014a) renferme d'utiles conseils pour les gouvernements confrontés à des questions récurrentes, comme la forme idéale de consultation, la période à privilégier ou les personnes à impliquer.

Certaines initiatives remarquables ont vu le jour ces dernières années. En Irlande du Nord, le Réseau de participation des enfants d'Irlande du Nord (CiNI) a défini huit normes pour les décideurs et les entités chargées d'assurer des services publics aux enfants et aux jeunes gens afin de renforcer leur engagement. Intitulées « Demandez d'abord ! » *(Ask first !)* et présentées dans l'encadré 4.6, ces normes ont intégré les apports des enfants et des jeunes, ceux des agents publics, la vision des organismes spécialisés dans l'enfance et la jeunesse et celle de la Commission de l'égalité de l'Irlande du Nord. Elles ont ensuite été approuvées par le cabinet du Premier ministre et du vice-Premier ministre.

Encadré 4.6. **Participation des enfants et des jeunes dans le processus décisionnel : les normes « Demandez d'abord ! » *(Ask First !)* en Irlande du Nord**

- Méthodes adaptées : les enfants et les jeunes seront impliqués de diverses manières, selon ce qui est le plus adapté à leurs âge et niveau de développement/maturité. Des méthodes ludiques seront notamment utilisées pour impliquer les enfants d'âge préscolaire.
- Appui aux jeunes : les enfants et les jeunes recevront l'appui nécessaire pour leur permettre de s'impliquer réellement dans le processus décisionnel.
- Transfert de connaissances : les enfants et les jeunes seront dotés des connaissances utiles pour leur permettre de s'impliquer réellement dans le processus décisionnel. L'information sera aisément compréhensible, dans des formats attractifs pour les enfants et accessibles.
- Retour d'information : les enfants et les jeunes seront informés des résultats de leur implication et de la manière dont leurs avis ont été pris en compte. Lorsque cela n'aura pas été le cas, on leur expliquera pourquoi.
- Effort d'inclusion : tous les enfants et les jeunes seront incités à s'impliquer dans les processus décisionnels. Des mesures particulières seront prises pour garantir la participation des plus vulnérables et marginalisés, conformément à la section 75 et aux obligations de la Convention des Nations Unies sur les droits de l'enfant.
- Traitement respectueux : les enfants et les jeunes seront traités avec respect. Ils décideront de la nature et de la portée de leur implication, et notamment de ne pas participer.
- Contact avec les responsables : les enfants et les jeunes auront un contact direct avec les personnes qui ont le pouvoir de prendre des décisions et d'agir sur la base de leurs suggestions, visions et expériences.
- Chronologie : les enfants et les jeunes seront impliqués le plus tôt possible dans les étapes de formulation des politiques et de définition des services, y compris les processus visant à déterminer les services et initiatives politiques utiles.

Note : en anglais, chacune des normes commence par les lettres composant l'intitulé de l'initiative *Ask First.*

Source : Résumé tiré de Leeson, M. (2014), « Involving disabled young people in the development of regional child and youth services », présentation lors de la Conférence du Royaume-Uni sur la pauvreté et le bien-être des enfants, le 16 décembre, Cardiff, www.childreninwales.org.uk/wp-content/uploads/2014/10/Maurice-Leeson.pdf (consulté le 1er avril 2016).

Les organes représentatifs des jeunes : conseils, parlements et forums de la jeunesse

En dehors des procédures de consultation à l'initiative du gouvernement, des conseils nationaux, parlements ou forums de la jeunesse ont fait leur apparition, permettant aux jeunes d'exprimer leur opinion par rapport aux institutions gouvernementales.

Pratiquement tous les pays membres de l'OCDE ont institué des conseils nationaux de la jeunesse ou des dispositifs similaires.

Le mandat des conseils nationaux de la jeunesse peut sensiblement varier selon leur organisation et le degré d'indépendance vis-à-vis du gouvernement. Alors que certains conseils sont pleinement dirigés par les jeunes et fonctionnent en toute indépendance du gouvernement (Allemagne, Belgique et Lituanie par exemple), les conseils du Costa Rica et des Philippines sont intégrés dans la structure de l'administration publique. Si des conseils autonomes facilitent la coordination des organisations nationales de la jeunesse, les conseils intégrés à l'administration sont en général chargés de gérer les relations entre l'État et les jeunes (TakingITGlobal, 2006). Les conseils autonomes servent de plateforme nationale permettant aux organisations de la jeunesse de mieux représenter les intérêts des jeunes, tandis que les conseils intégrés sont là pour faire le lien entre les organisations de jeunes et le gouvernement, dans le but d'améliorer la communication et la coopération, garantir une participation plus constante des jeunes et faciliter la mise en œuvre sereine des programmes pour la jeunesse. L'influence sur le processus décisionnel que peuvent avoir les conseils nationaux de la jeunesse est donc variable. En République slovaque, les jeunes occupent un siège permanent au sein de la Direction de la jeunesse du ministère de l'Éducation. En Lettonie et en Slovénie, les conseils ont été invités à préparer des lois relatives aux jeunes et à les soumettre au parlement pour discussion. Dans les pays de l'OCDE, les conseils ont pris part au suivi de la mise en œuvre des lois sur les jeunes.

C'est en Lituanie que l'on retrouve l'un des mécanismes les plus efficaces pour permettre aux conseils nationaux de la jeunesse de peser sur les résultats des politiques (encadré 4.7).

Dans les pays et territoires MENA, les parlements des jeunes Tunisiens et le Forum des jeunes pour la politique nationale de jeunesse du Liban (encadré 4.8) ont ouvert la voie à une citoyenneté active. Inversement, de telles interventions peuvent gêner les progrès s'il s'agit de simples activités de relations publiques ou, pire, si elles apparaissent comme une solution aux problèmes des jeunes et sont donc considérées par le gouvernement comme un substitut à une action visant à démanteler les obstacles structurels à l'engagement des jeunes.

Encadré 4.7. **Le Conseil lituanien de la jeunesse**

Le Conseil lituanien de la jeunesse (LiJOT), créé en septembre 1992 dans le but de mettre en place une structure de coordination pour défendre les intérêts des jeunes auprès de l'État, est aujourd'hui reconnu comme l'une des structures de participation de la jeunesse les plus efficaces. Après avoir surmonté les difficultés initiales, comme l'obtention d'une reconnaissance légale en matière de politique de la jeunesse et la promotion du concept de politique publique de la jeunesse, le LiJOT a obtenu la création d'un Conseil d'État aux affaires de la jeunesse, un organe spécifiquement chargé des affaires de la jeunesse.

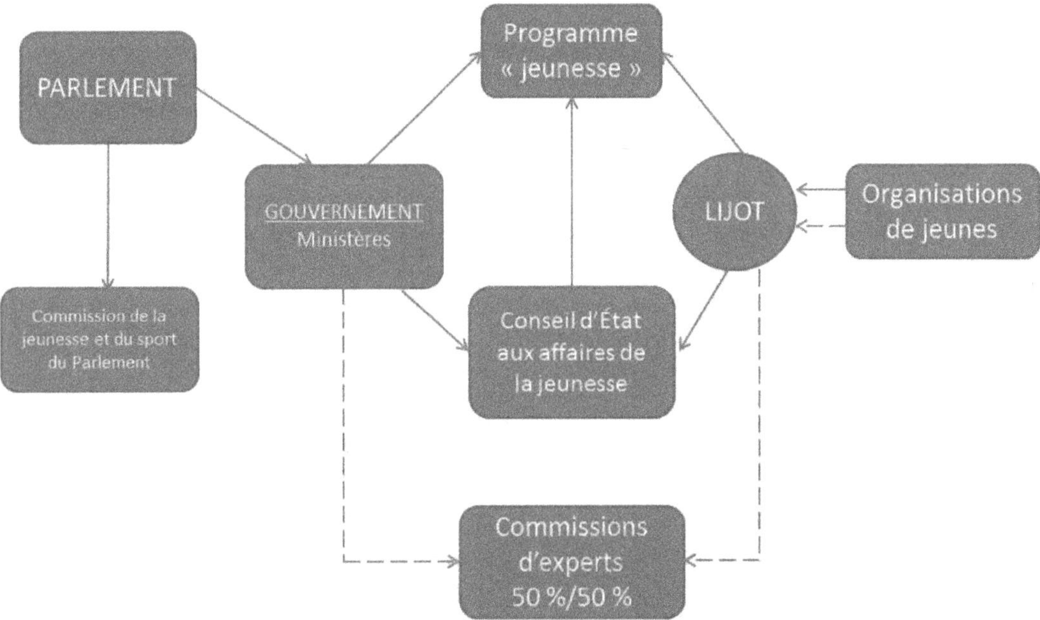

Fondé sur les principes de la « cogestion » et de la « prise de décision conjointe », le Conseil d'État aux affaires de la jeunesse rassemble un nombre égal de représentants des différents ministères chargés des questions de la jeunesse, nommés par le Premier ministre et par le LiJOT. Cette structure permanente permet aux représentants des jeunes d'exprimer leurs attentes et de prendre une part active aux décisions qui affectent les politiques et programmes les concernant.

Sources : TakingITGlobal (2006), « National youth councils - Their creation, evolution, purpose, and governance », http://acdn.tigurl.org/images/resources/tool/docs/762.pdf (consulté le 10 avril 2016) ; travaux de l'OCDE sur la base d'informations fournies par le Conseil lituanien de la jeunesse.

Encadré 4.8. **Les Parlements des jeunes Tunisiens et le Forum des jeunes pour la politique nationale de jeunesse du Liban**

Inspirée par le Parlement européen des jeunes – une plateforme pour le débat politique, les rencontres interculturelles, l'éducation civique et l'échange d'idées entre jeunes Européens –, l'organisation issue de la société civile tunisienne Tun'Act a organisé les premiers parlements des jeunes Tunisiens en 2013 et 2014. Ces parlements ont fortement contribué à ouvrir un espace aux jeunes afin qu'ils s'engagent dans une citoyenneté active et à promouvoir une culture du débat démocratique.

Les parlements des jeunes Tunisiens rassemblent de jeunes hommes et femmes (âgés de 18 à 30 ans) issus de différentes régions au sein de plusieurs commissions thématiques (par exemple, l'environnement, l'économie, les relations internationales, la sécurité sociale et la santé, le terrorisme, la culture, l'éducation et les droits de l'homme). Chaque commission est chargée de préparer une résolution en anglais, en français ou en arabe, qui sera entérinée par un vote. Les participants sont incités à prendre la parole, exprimer leurs opinions personnelles et participer aux procédures de vote, ce qui leur donne une connaissance du processus parlementaire, favorise le respect des différentes opinions et renforce le travail d'équipe et la recherche de compromis. Beaucoup de participants disent avoir été encouragés à être plus actifs dans la vie civique, sociale et politique. La résolution finale du premier Parlement des jeunes Tunisiens a été portée à la connaissance des responsables des partis politiques.

L'organisation du troisième Parlement des jeunes Tunisiens est aujourd'hui suspendue faute d'appui de long terme des donneurs. Mais des projets existent pour renforcer les mécanismes de suivi des conclusions, comme le fait de discuter à l'avenir des résolutions avec les commissions parlementaires concernées.

Des efforts similaires ont été faits au Liban. Le Forum des jeunes pour la politique nationale de jeunesse, une large fédération d'organisations de la société civile et de mouvements partisans des jeunes, gère cinq comités de travail qui formulent des recommandations de politiques sectorielles, ensuite rassemblées dans un document unique de politiques présenté au Cabinet, pour la dernière fois en 2011.

Le Gouvernement fantôme des jeunes, créé par l'association Naharshabab, affiliée au quotidien *Nahar*, constitue un précédent intéressant. Lancé en 2006, ce programme a réuni 30 jeunes responsables (dont un tiers de femmes) pour former un cabinet fantôme, chaque individu détenant des portefeuilles ministériels, suivant les politiques du gouvernement et promouvant le dialogue. L'expérience semble cependant avoir pris fin.

Sources : Tun'Act (2016), http://tunact.org/ ; Youth Forum for Youth Policy (2016), www.youthforum-lb.org/en/ (consulté le 12 avril 2016).

Recommandations

Conformément aux *Principes directeurs pour une élaboration ouverte et inclusive des politiques* présentés en 2010 par l'OCDE, les gouvernements de la région MENA pourraient encourager et renforcer l'engagement des jeunes dans la vie publique, en actionnant les leviers suivants :

1. **Promouvoir une approche interministérielle.** Les questions relatives à la jeunesse sont habituellement prises en charge par une variété d'organes gouvernementaux, de sorte que des mécanismes de coordination et de communication horizontaux et verticaux forts sont essentiels pour intégrer les préoccupations des jeunes dans les politiques publiques et éviter la fragmentation dans la délivrance des services.

2. **Formuler des politiques nationales de la jeunesse intégrées**, en collaboration avec les associations de jeunes, les organisations de la société civile et les

militants, qui définissent clairement des objectifs, des indicateurs de performance, des calendriers réalistes et les moyens financiers, techniques et humains nécessaires pour une programmation efficace et cohérente en faveur de la jeunesse entre les différents ministères et services. S'il n'existe pas de cadre unique et unifié pour orienter la formulation, la mise en œuvre et l'évaluation des politiques de la jeunesse, les décideurs en quête de conseils peuvent se reporter à la Charte africaine de la jeunesse (2006) et à l'Engagement de Bakou en faveur des politiques de jeunesse (2014).

1. **Créer des organes représentatifs de la jeunesse (conseils nationaux/locaux de la jeunesse) et permettre de nouvelles formes d'engagement des jeunes** (comme le recours aux technologies numériques) pour mobiliser les jeunes tout au long du cycle politique. Si une approche partenariale, avec partage des droits et des responsabilités entre jeunes et représentants du gouvernement, n'est pas envisageable mais qu'il y a des possibilités de consultations publiques, alors elles doivent être conçues de telle manière que les jeunes se sentent incités à s'y impliquer. Le *Guide du praticien MENA-OCDE pour impliquer les parties prenantes dans le processus législatif* (OCDE, 2014a) fournit des conseils utiles aux gouvernements confrontés à des choix difficiles lorsqu'il s'agit de définir l'objectif et la portée de la consultation des jeunes, d'identifier les représentants de la jeunesse et les canaux les mieux adaptés à la consultation.
2. **Donner aux jeunes plein accès aux informations qui les concernent**, surtout dans les domaines importants à leurs yeux (santé reproductive, planning familial, services d'éducation, opportunités d'emploi et performance scolaire). Une divulgation active de l'information sur la performance des services gouvernementaux est aussi dans l'intérêt des jeunes et renforce les mécanismes de responsabilité. Les données doivent être présentées dans un format accessible, réutilisable et aisément compréhensible (le budget de la jeunesse, par exemple). Les organisations dirigées par les jeunes peuvent conseiller les gouvernements sur la manière de diffuser les informations et les canaux à employer pour en garantir un véritable partage. Les gouvernements doivent également envisager d'instaurer un cycle continu de partage de l'information en recourant aux blogs, médias sociaux (comme Facebook, Google+, Twitter ou les podcasts Youtube) et applications mobiles afin d'informer les jeunes sur les programmes du gouvernement et de solliciter leur opinion au moyen de mécanismes de rétroaction.
3. **5. Collecter des données désagrégées par groupes d'âge** afin d'adapter les politiques et les services publics aux attentes de la jeunesse. Idéalement, les données sont suffisamment ventilées pour étayer les conclusions relatives aux sous-groupes visés par les politiques — riches/pauvres, hommes/femmes, jeunes urbains/jeunes ruraux, instruits/analphabètes, valides/handicapés.

Les technologies numériques peuvent « changer la donne » au profit d'une formulation de politiques publiques et de services inclusifs

Les précédents chapitres ont déjà évoqué l'importance des technologies numériques pour renforcer une approche inclusive de la formulation des politiques publiques. La *Recommandation du Conseil sur les stratégies numériques gouvernementales* de l'OCDE de 2014 appelle les gouvernements à utiliser ces technologies pour rendre la société plus inclusive et améliorer les partenariats et les mécanismes de responsabilité publique. Elle affirme que le nouvel environnement numérique représente une chance de construire des relations plus participatives et collaboratives, afin de peser sur les priorités politiques et de concevoir et fournir des services publics en faisant appel à une approche partenariale (centrée sur le citoyen). Les jeunes étant de plus en plus des « natifs du numérique »[4], les médias sociaux et les réseaux en ligne peuvent devenir un facteur d'interaction plus régulière entre jeunes et gouvernement, tandis que l'ouverture des données offre de nouvelles opportunités économiques pour des générations férues de technologies.

Une nouvelle génération de natifs du numérique

Face à l'expansion rapide de l'usage d'Internet et du taux de connexion, de nouvelles possibilités d'accès à l'information, de communication et d'interaction avec les autorités publiques font leur apparition. L'utilisation d'Internet a augmenté en moyenne de 12,3 % par an sur la période 2009-13 dans les pays et territoires MENA couverts par ce rapport, une hausse à imputer entre autres à l'Égypte (+17,9 %). De plus en plus de jeunes sont devenus des utilisateurs d'Internet au cours des cinq dernières années (graphique 4.2).

Graphique 4.2. **Utilisation d'Internet dans une sélection de pays et territoires MENA et les pays du Conseil de coopération du Golfe, moyenne nationale, 2005, 2009 et 2013**

Pourcentage de la population adulte

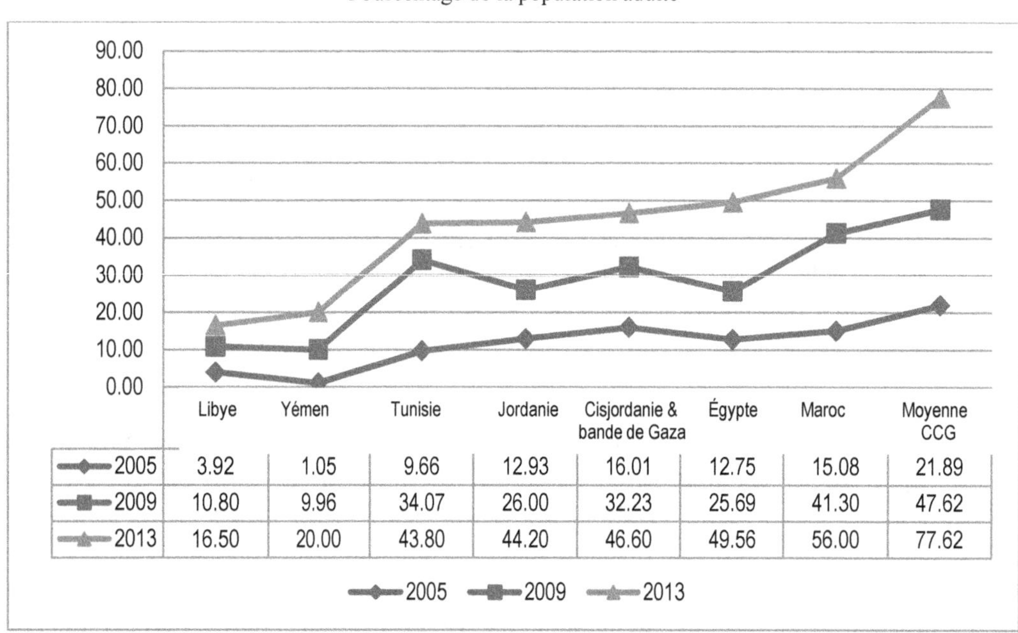

	Libye	Yémen	Tunisie	Jordanie	Cisjordanie & bande de Gaza	Égypte	Maroc	Moyenne CCG
2005	3.92	1.05	9.66	12.93	16.01	12.75	15.08	21.89
2009	10.80	9.96	34.07	26.00	32.23	25.69	41.30	47.62
2013	16.50	20.00	43.80	44.20	46.60	49.56	56.00	77.62

Note : « CCG » désigne le Conseil de coopération du Golfe.

Source : base de données World Telecommunication/ICT Indicators (2016), www.itu.int/en/ITU-D/Statistics/Pages/publications/wtid.aspx (consulté le 1er avril 2016).

L'Union internationale des télécommunications (UIT) estime la part des jeunes pouvant être considérés comme des « natifs du numérique ». Le tableau 4.1 présente ces estimations pour 2013 et la moyenne non pondérée pour les pays du CCG. À l'exception de la Libye et du Yémen, plus d'un tiers des jeunes en Égypte et en Tunisie et plus des deux cinquièmes des jeunes hommes et femmes en Jordanie et au Maroc étaient des natifs du numérique en 2013. Bien que leur part dans la population totale reste marginale, il est certain que les générations futures utiliseront et exigeront de plus en plus de solutions TIC[5].

Tableau 4.1. **Nombre de natifs du numérique en valeur absolue et en pourcentage de la population totale et des jeunes, 2013**

Rang	Pays	Nombre de natifs du numérique	Population totale	Population jeune (15-24 ans)
79	Égypte	5 532 746	6,6	34,9
55	Jordanie	542 817	8,4	40,4
136	Libye	122 917	1,9	11,4
52	Maroc	2 829 799	8,7	45,8
81	Tunisie	700 044	6,5	36,7
127	Yémen	665 487	2,6	12,0
88	Total/moyenne	10 393 810	5,8	30,2
73	CCG	4 952 201	7,0	47,8

Note : « CCG » désigne le Conseil de coopération du Golfe.

Source : UIT (2013), *Measuring the Information Society*, UIT, Genève, www.itu.int/en/ITU-D/Statistics/Documents/publications/mis2013/MIS2013_without_Annex_4.pdf (consulté le 2 avril 2016).

L'utilisation des appareils mobiles a connu une croissance encore plus impressionnante ces dernières années. Au Yémen comme en Cisjordanie et dans la bande de Gaza, respectivement 69 et 74 personnes sur 100 ont souscrit un abonnement pour un téléphone portable en 2013, contre seulement 37 et 46 en 2009. En Libye, le nombre de téléphones portables dépasse la population totale (165 abonnements mobiles pour 100 personnes) (Banque mondiale, 2013). Mais les données ventilées par sexe suggèrent que les femmes rencontrent les mêmes difficultés que les hommes pour utiliser les nouveaux outils et canaux numériques (OCDE, 2015b).

L'utilisation généralisée des technologies 2.0 et des portables a changé le comportement des médias dans la région arabe. Dans une étude récente portant sur l'Arabie saoudite, l'Égypte et les Émirats arabes unis, 35 % des personnes interrogées ont déclaré suivre les informations sur des sources et des portails en ligne. Environ 30 % se fient aux médias traditionnels et 28 % aux plateformes des médias sociaux (École Mohammed Bin Rashid du gouvernement, 2014a).

La transformation numérique est souvent évoquée comme un moyen de « changer la donne » dans les relations entre gouvernements et citoyens. L'ère numérique offre de fait aux gouvernements de nouveaux canaux et outils d'information (sites Internet, podcasts, fils RSS) et d'interaction avec les citoyens (publication en ligne des projets de lois, enquêtes/consultations, pétitions en ligne). L'informatisation de l'administration publique et des processus connexes peut réduire le coût des services publics et d'autres barrières à leur accès. Dans la mesure où les jeunes sont habituellement les premiers à exploiter les canaux utilisant le web, la génération actuelle de natifs du numérique pourrait devenir un partenaire du gouvernement pour concevoir des plateformes adaptées aux usagers.

Malgré des initiatives prometteuses, de sérieux problèmes demeurent

Les pays et territoires MENA ont redoublé d'efforts pour accroître leur présence numérique à travers les sites gouvernementaux, les portails en ligne et des expériences de consultation des citoyens *via* Internet et les réseaux sociaux. En Jordanie, au Maroc ou en Tunisie, les citoyens ont ainsi été invités à commenter le projet de loi sur l'accès à l'information. Soucieuse de combattre la corruption lors de la passation de marchés publics, la Tunisie a mis au point, avec l'aide de l'OCDE, le système électronique d'achats publics TUNEPS. De son côté, le Maroc a créé un portail en ligne pour les lanceurs d'alerte, afin d'encourager le signalement de cas de fraude et de corruption. En Égypte, le ministère des Communications et des technologies de l'information a instauré des « clubs TI » dans les écoles, les universités et les maisons des jeunes dans le but de permettre aux populations à faible revenu d'accéder librement à la technologie et aux outils TIC (OCDE, 2013). La Cour de Cassation a annoncé la création et le lancement d'un système de gestion automatisé des affaires afin d'améliorer l'accès aux données du tribunal. Après une actualisation de sa stratégie pour l'e-gouvernement et l'élaboration d'un plan de mise en œuvre à moyen terme, l'Autorité palestinienne a posé les jalons d'une stratégie interministérielle de l'utilisation des outils TIC. Les jeunes hommes et femmes plébiscitent des initiatives lancées par leurs pairs, à l'instar de Zabatak (www.zabatak.com) et de HarassMap (www.harassmap.org), qui incitent leurs utilisateurs à faire remonter les cas d'activités illicites et de harcèlement sexuel.

Ces progrès se reflètent dans l'Indice de développement de l'administration en ligne (EGDI) selon l'édition 2014 de l'étude des Nations Unies sur l'administration en ligne. Indice composite, l'EGDI permet d'apprécier trois dimensions du e-gouvernement : la portée et la qualité des services en ligne, l'état de développement des infrastructures de télécommunication et le capital humain inhérent. L'indice constate la forte progression globale des pays et territoires étudiés dans ce rapport, qui sont passés du 131e rang en moyenne (en 2012) au 98e (2014), sur 193 pays. La comparaison de deux classements précédemment cités à la moyenne de l'OCDE (graphique 4.3) montre que, si les pays et territoires étudiés sont très en retard par rapport aux pays de l'OCDE en termes d'infrastructures TIC, des pays comme la Jordanie, la Libye et la Tunisie peuvent compter sur une population plutôt instruite et au fait des nouvelles technologies.

Graphique 4.3. **Comparaison des scores de certains pays et territoires MENA sur la base des indicateurs d'infrastructures TIC et de capital humain de l'étude des Nations Unies sur l'administration en ligne par rapport à la moyenne OCDE, 2014**

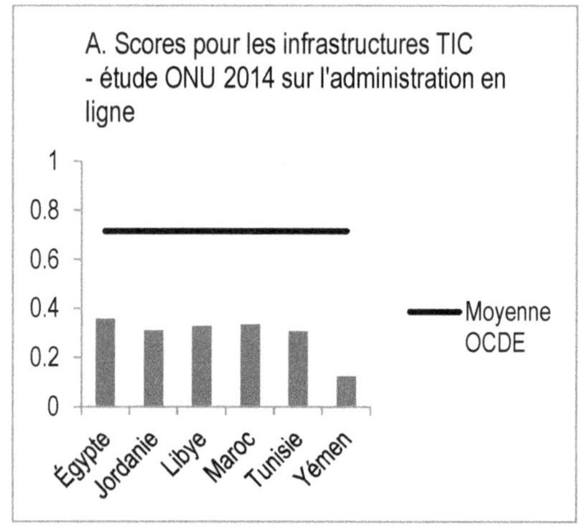

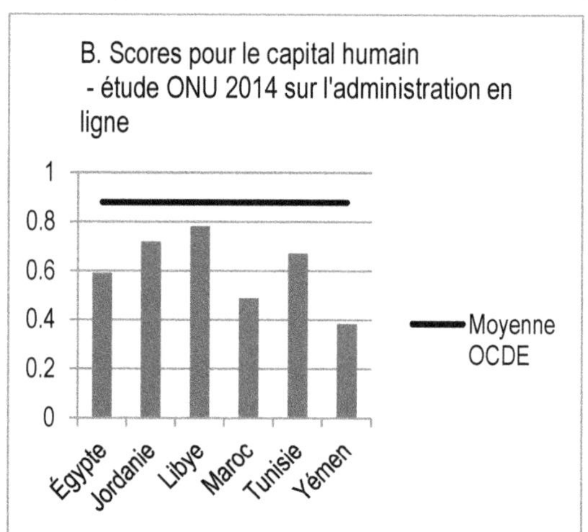

Note : Le graphique présente deux indicateurs composites notés de 0 à 1. Le capital humain est pondéré aux deux tiers par l'alphabétisation des adultes et pour le tiers restant par le taux brut de scolarisation normalisé. L'indicateur relatif aux infrastructures est une moyenne pondérée prenant en compte les taux normalisés d'usagers d'Internet, d'abonnements à la téléphonie mobile, de lignes téléphoniques, d'abonnements Internet fixes et de connexions fixes à large bande.

Source : ONU (2014), *United Nations E-Government Development database*, http://unpan3.un.org/egovkb/en-us/Reports/UN-E-Government-Survey-2014.

Le graphique 4.4 compare la performance de certains pays et territoires MENA lorsqu'ils utilisent les TIC pour renforcer la participation et fournir des services à la moyenne des pays de l'OCDE. Selon l'enquête des Nations Unies, le Maroc se situe au-dessus de la moyenne de l'OCDE pour ce qui est l'e-participation, talonné par la Tunisie. Ces résultats traduisent les progrès accomplis par les deux pays ces dernières années en termes de diffusion des informations publiques et d'accès en ligne à l'information (partage de l'e-information) ainsi que, à un degré moindre, de fourniture aux citoyens d'un espace où contribuer aux discussions sur les politiques et les services publics (e-consultation). Au Maroc, sur le portail du gouvernement dédié aux services, les jeunes peuvent trouver des informations importantes sur les conditions et les documents à réunir lors d'un mariage ou d'une grossesse/naissance, pour obtenir un permis de conduire ou pour créer une entreprise. Ils peuvent consulter la « Foire aux questions » (les FAQ) et ont la possibilité de poser des questions en ligne ou *via* un centre d'appels.

Les examens de l'OCDE sur le gouvernement ouvert en Tunisie (2016) et au Maroc (2015) constatent que, dans les deux cas, la consultation en ligne constitue un canal encore trop peu exploité et qu'il faudrait privilégier une approche plus structurée et institutionnalisée. Des interactions plus sophistiquées, comme les déclarations de revenu ou l'immatriculation en ligne des entreprises, ne pourront pas se concrétiser tant que les prestataires de services publics n'y accordent pas leur pleine attention. Soulignons enfin que l'indice des Nations Unies ne donne pas d'éléments sur l'adhésion des citoyens à ce type d'offres.

Pour la société civile, l'intérêt des canaux numériques pour informer, mobiliser et coordonner des initiatives est évident, surtout depuis les soulèvements populaires qui ont balayé certains pays et territoires MENA dans le but de réclamer des réformes démocratiques. Tandis que bon nombre de réseaux constitués de manière spontanée ont disparu en Tunisie, les plateformes opengov.tn et tnOGP ont vu le jour avec l'adhésion du pays au Partenariat pour le gouvernement ouvert, afin de renforcer la voix de la société civile. En reflétant un éventail plus large de positions et de centres d'intérêt et en étendant leur portée géographique, ces réseaux ont renforcé la représentativité et la crédibilité des organisations de la société civile dans le processus de consultation du pays autour du plan d'action du PGO.

Graphique 4.4. **Comparaison du score de certains pays et territoires MENA, sur la base des indicateurs des services en ligne et de l'e-participation de l'étude des Nations Unies sur l'administration en ligne par rapport à la moyenne OCDE, 2014**

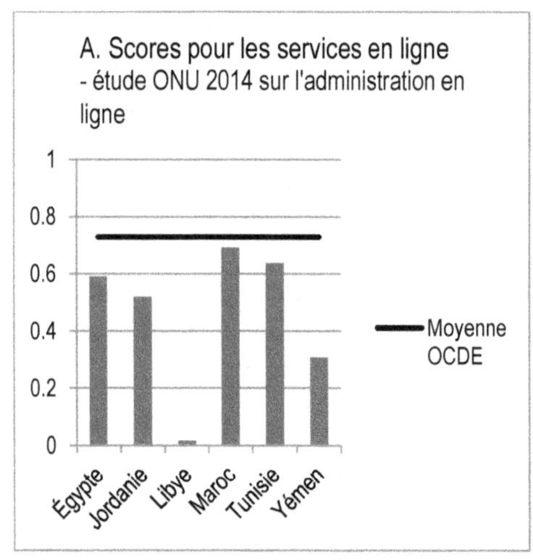

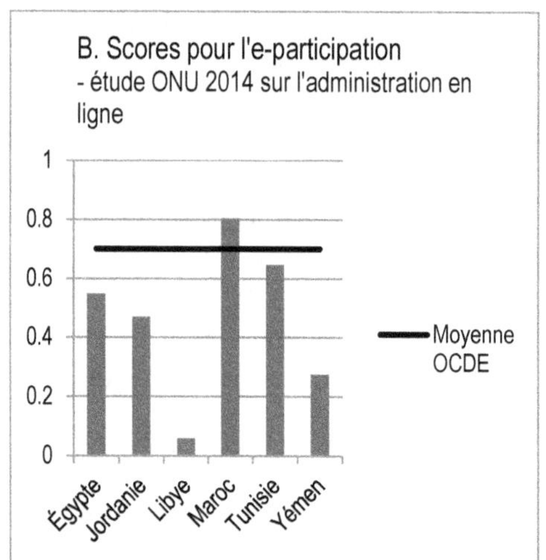

Note : Le score relatif aux services en ligne évalue, d'une part, les caractéristiques techniques des sites web nationaux et, d'autre part, les politiques et stratégies de e-gouvernement pour tous les secteurs de fourniture de services et certains d'entre eux. L'indicateur de e-participation porte sur l'usage des services en ligne pour faciliter la fourniture d'information aux citoyens par les gouvernements (« partage de l'e-information »), l'interaction avec les parties prenantes (« e-consultation ») et l'implication dans les processus de prise de décision (« e-prise de décision »).

Source : ONU (2014), *United Nations E-Government Development database*, http://unpan3.un.org/egovkb/en-us/Reports/UN-E-Government-Survey-2014.

Un test de réalité appliqué aux pays européens montre que le contenu web n'a que peu d'effets sur l'amélioration des interactions entre les jeunes et l'administration publique : en moyenne, 40 % seulement des jeunes Européens utilisaient des services en ligne pour échanger avec les autorités publiques au cours des douze mois précédant le test (Mickoleit, 2014). De très fortes variations entre pays (les taux d'utilisation allant par exemple de 20 % en Italie à 70-80 % en Slovénie, Islande, Norvège et Suède) suggèrent cependant que les pays où les agents publics maîtrisent bien les TIC et ont les capacités nécessaires pour définir un contenu pertinent pour les jeunes parviendront mieux à toucher ce public.

Tour d'horizon des technologies numériques à l'appui de politiques et de services publics adaptés aux jeunes

Les pays de l'OCDE recourent plus systématiquement depuis quelques années aux solutions en ligne pour partager des informations, consulter les citoyens et fournir des services publics. Si de nombreux portails et sites web gouvernementaux n'arrivent pas encore à présenter les informations d'une manière adaptée aux jeunes, l'attente grandissante de ces derniers quant à la possibilité de remplir des documents administratifs en ligne et d'accéder aux informations recherchées d'un simple clic a conduit à concevoir de nouvelles initiatives pilotées par le gouvernement, la société civile et le secteur privé.

Le programme de consultation « YourSAy » de l'État d'Australie-Méridionale (encadré 4.9) s'appuie sur Internet et, surtout, sur les médias sociaux pour impliquer les citoyens dans des consultations publiques. Quand l'État a entamé la révision du Plan stratégique de développement en 2010, « YourSAy » a mobilisé les collectivités locales et les citoyens pour prendre part à des discussions sur la protection de l'environnement, le logement et, de manière plus pertinente ici, les services aux enfants et adolescents.

Encadré 4.9. **YourSAy : impliquer les jeunes dans l'élaboration des politiques en Australie**

Simple expérience au départ conçue pour impliquer les jeunes au niveau des collectivités, le programme « YourSAy » est désormais l'une des pièces maîtresses du processus d'élaboration des politiques publiques dans l'État d'Australie-Méridionale. Aujourd'hui, plus de 12 000 personnes font partie de la communauté virtuelle, soit près de 1 % de la population de l'État. À travers cette plateforme, les jeunes ont récemment été invités à discuter des qualifications d'un futur Commissaire aux enfants et aux jeunes gens, du Code des sorties nocturnes de l'État, certaines communautés s'inquiétant d'incidents liés à la consommation excessive d'alcool, et des dispositifs de gouvernance dans les écoles primaires et les maternelles publiques.

YourSAy est très actif sur les médias sociaux (comme Twitter, Facebook, LinkedIn, YouTube) où il fournit des informations sur les consultations à venir et des études intéressantes pour les jeunes.

Source : Government of South Australia (2016), http://yoursay.sa.gov.au/ (consulté le 1er avril 2016).

Les pays et territoires MENA ont beaucoup de mal à faire coïncider les demandes d'emploi et les offres. Rares sont les services coordonnés pour faciliter l'entrée des jeunes sur le marché du travail. Un groupe de jeunes Palestiniens s'est associé à Souktel, une entreprise technologique, pour créer une application mobile mettant en relation les jeunes et les employeurs potentiels (encadré 4.10).

Encadré 4.10. **JobMatch : un système de mise en relation par SMS entre demandeurs d'emploi et employeurs en Cisjordanie et dans la bande de Gaza**

JobMatch utilise une technologie mobile développée par de jeunes Palestiniens pour aider les jeunes chômeurs non couverts par les services publics de l'emploi à repérer les postes disponibles. L'application permet aux employeurs de poster des annonces, de recevoir des candidatures et d'entrer en contact avec les demandeurs d'emploi, lesquels peuvent y chercher des emplois, poster de courts CV et postuler aux emplois affichés. Selon Souktel, le programme pilote déployé en Cisjordanie et dans la bande de Gaza aurait en moyenne permis à 40 jeunes par mois de repérer des emplois et des stages (soit environ 500 offres par an). La plupart des mises en relation concernaient le commerce, les emplois administratifs et les technologies de l'information, ainsi que la construction ; et 7 % des personnes concernées étaient encore en fonction après trois mois. Les jeunes ont indiqué que cette application avait réduit le temps de recherche de 75 %, les employeurs affirmant de leur côté avoir économisé la moitié du temps et des coûts associés au recrutement.

Une étude réalisée par Accenture et Vodafone a constaté que « pendant la période pilote de l'initiative [Souktel JobMatch], 25 % des utilisateurs ont trouvé des postes, tandis que la durée moyenne de recherche d'emploi est passée de trois mois à une semaine. Les employeurs ont fait état d'une réduction de 50 % du temps investi pour recruter et 64 % des travailleurs ont signalé une augmentation de salaire ». Le Massachusetts Institute of Technology (MIT) a par ailleurs indiqué avoir eu recours à Souktel pour identifier et embaucher des centaines de jeunes Palestiniens dans le cadre de projets de recherche.

Encadré 4.10. **JobMatch : un système de mise en relation par SMS entre demandeurs d'emploi et employeurs en Cisjordanie et dans la bande de Gaza** *(suite)*

Il est difficile de savoir si Souktel peut atteindre les dimensions nécessaires à la stabilité financière sans les contrats financés par les bailleurs de fonds, qui lui ont jusqu'ici permis de se développer. Depuis son lancement en 2007, il a lancé des projets dans 30 pays en développement au Moyen-Orient, en Afrique, en Asie et en Amérique latine, ce qui lui a permis de constituer une solide équipe de gestion et technique, composée principalement de jeunes Palestiniens.

Sources : Global Business School Network (2014), « Souktel and MIT bring digital outsourcing work to youth in Palestine, via mobile », 23 avril, www.gbsnonline.org/blogpost/760188/186221/Souktel-and-MIT-Bring-Digital-Outsourcing-Work-To-Youth-in-Palestine-Via-Mobile; Souktel (2009), « Souktel: Mobile technology that helps youth find jobs and training », présentation PowerPoint, décembre ; Vodafone (2013), « Connected worker: How mobile technology can improve working life in emerging economies », avril, www.vodafone.com/content/dam/vodafone-images/sustainability/downloads/vodafone_connected_worker.pdf (consulté le 1er avril 2016).

Bien que les jeunes soient moins susceptibles d'être impliqués dans des controverses juridiques que les adultes, ils peuvent être particulièrement vulnérables lorsqu'ils se mobilisent pour obtenir des informations sur leurs droits et des conseils juridiques. YouthLaw Aetearoa, un projet néo-zélandais, propose une solution en ligne pour apporter des conseils juridiques gratuits aux jeunes (encadré 4.11).

Encadré 4.11. **Nouvelle-Zélande : des services juridiques gratuits en ligne pour les enfants et les jeunes gens**

YouthLaw est un centre d'information juridique communautaire et gratuit destiné aux enfants et aux jeunes gens de Nouvelle-Zélande. Il fournit des services juridiques gratuits à toute personne âgée de moins de 25 ans et qui n'est pas en mesure de trouver ce type d'aide par d'autres moyens. Indépendant du gouvernement, YouthLaw est pour l'essentiel financé par le ministère de la Justice.

YoutLaw publie des informations juridiques sur son site web et *via* les médias sociaux (www.facebook.com/YouthLaw), forme les jeunes à utiliser ce type de données et offre des conseils juridiques par d'autres moyens (système national de consultation gratuite par téléphone, par exemple). Le site couvre des domaines particulièrement pertinents pour les jeunes, comme le domicile et la famille, les relations avec les autres, l'école, les commerces et les achats, la santé et le bien-être, la police et les tribunaux, la conduite automobile, le travail, le logement, le harcèlement et la violence, les prestations sociales et les droits de l'homme. Pour une personne victime de harcèlement par exemple, le site explique quels actes constituent un harcèlement, fournit des exemples concrets et renvoie aux lois et règlements pertinents.

Au travers d'ateliers interactifs en résidentiel, YouthLaw est parvenu à sensibiliser les jeunes, les associations et les enseignants aux droits des jeunes et à l'importance d'une éducation fondée sur les droits.

Source : YouthLaw Aoearoa (2016), www.youthlaw.co.nz/ (consulté le 23 mars 2016).

Médias sociaux et données du gouvernement ouvert : en perspective, de nouvelles formes d'interaction et de débouchés économiques

Selon les estimations, 81 millions de personnes dans les pays arabes utilisaient Facebook en 2014, contre 54,5 millions un an auparavant. Comme le montre le graphique 4.5, les jeunes représentent les deux tiers environ de tous les utilisateurs de Facebook dans les pays et territoires MENA sélectionnés. Comme pour le taux d'utilisation des téléphones portables, pourtant, les jeunes femmes sont singulièrement sous-représentées. L'utilisation de LinkedIn, un réseau pour les professionnels, est plus faible mais elle augmente rapidement. Twitter s'impose de son côté de plus en plus comme outil de communication, avec environ 5,8 millions d'usagers actifs, les plus forts taux de pénétration étant atteints en Égypte, en Jordanie et en Cisjordanie et dans la bande de Gaza (École Mohammed Bin Rashid du gouvernement, 2014b).

Graphique 4.5. **Utilisation des médias sociaux par les jeunes dans certains pays et territoires MENA, 2014**

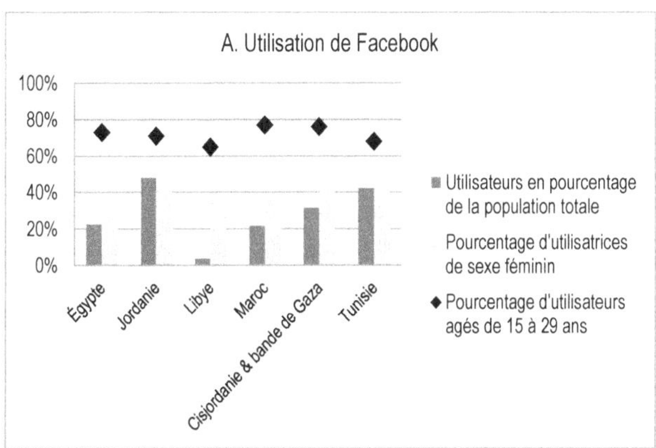

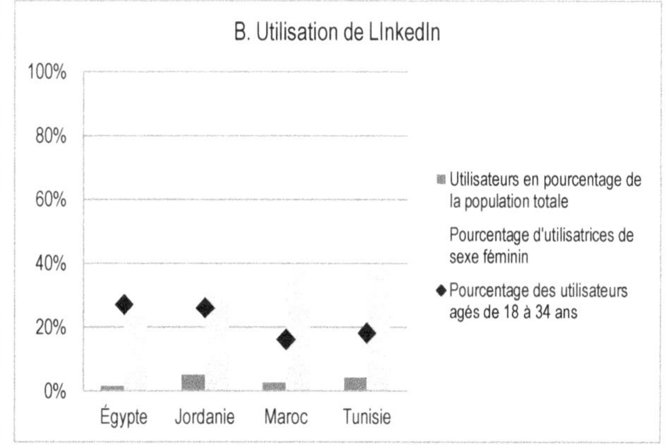

Note : Le panneau A fait référence aux 15-29 ans, tandis que le panneau B concerne les jeunes hommes et femmes de 18 à 34 ans (hors Libye, Cisjordanie et bande de Gaza pour lesquelles aucune information n'est disponible).

Source : École Mohammed Bin Rashid du gouvernement (2014b), « Citizen engagement and public services in the Arab world: The potential of social media », 6e édition, juin, www.mbrsg.ae/getattachment/e9ea2ac8-13dd-4cd7-9104-b8f1f405cab3/Citizen-Engagement-and-Public-Services-in-the-Arab.aspx (consulté le 1er avril 2016).

Les médias sociaux et les applications mobiles sont des outils essentiels dans la vie des jeunes pour se connecter avec leurs amis et donner un sens à leur environnement. Ils offrent un espace aisément accessible pour rechercher des informations et des conseils, dialoguer ou simplement se distraire. Les plateformes comme Facebook, Twitter, YouTube, Flickr, Instagram, MySpace et Tumblr s'appuient sur le désir des jeunes de socialiser et de prendre part à des activités virales en leur permettant de construire leurs propres communautés en ligne et de faire connaître leurs centres d'intérêt à des pairs qui partagent leur vision des choses. Dans les pays et territoires MENA comme dans les pays de l'OCDE, les médias sociaux servent de lieu d'échange de conseils sur des thèmes tabous pour la société (comme la sexualité ou la santé mentale) et constituent donc un moyen important pour les jeunes hommes et femmes d'établir des contacts et s'encourager les uns les autres (Youth Affairs Council of Victoria, 2013). Les blogs en ligne couvrent tous les aspects de la vie des jeunes et ont été décisifs pour exprimer des opinions et susciter des mobilisations autour de causes communes. Les jeunes ont utilisé les médias sociaux pour impulser un changement politique et social pendant le Printemps arabe, au Brésil avant la Coupe du monde de football, lors du mouvement social Occupy

Wall Street comme lors des manifestations de la place Taksim en Turquie (Smith, 2013). Pour autant, les nouvelles technologies (mobiles) restent inaccessibles pour une part importante de la nouvelle génération, au risque d'induire une exclusion sociale.

Les gouvernements qui entendent formuler des politiques et mettre sur pied des services publics doivent prendre ces nouvelles réalités en compte, pour la simple raison que cet espace en ligne est l'endroit où les jeunes se rencontrent et cherchent des informations. Les experts discutent encore pour savoir si les médias sociaux sont un moyen d'encourager les jeunes peu attirés par les moyens traditionnels de participation ou si les réseaux en ligne constituent plutôt une stimulation supplémentaire pour ceux qui sont déjà actifs (Livingstone et al., 2007).

De nombreuses organisations de la société civile au Moyen-Orient et en Afrique du Nord comptent plutôt sur une page Facebook que sur un site Internet plus formel, séduites par la gratuité de ce réseau social et les possibilités d'échanges. Des centaines de groupes informels de jeunes ont été actifs sur Facebook en Égypte et dans d'autres pays et territoires MENA dans les mois qui ont suivi les soulèvements de janvier 2011, utilisant leurs pages pour organiser des manifestations, se mobiliser autour d'initiatives locales et échanger sur l'actualité politique ou à des fins sociales (Bremer, 2011). Mais le test de réalité qu'est l'utilisation des médias sociaux en Europe montre qu'alors que 85 % des Européens de 16-24 ans utilisent en moyenne les médias sociaux en 2013, moins d'un cinquième le font pour discuter de sujets civiques ou politiques (graphique 4.6).

Graphique 4.6. **Utilisation des médias sociaux par les jeunes : sujets généraux ou civiques/politiques, 2013**

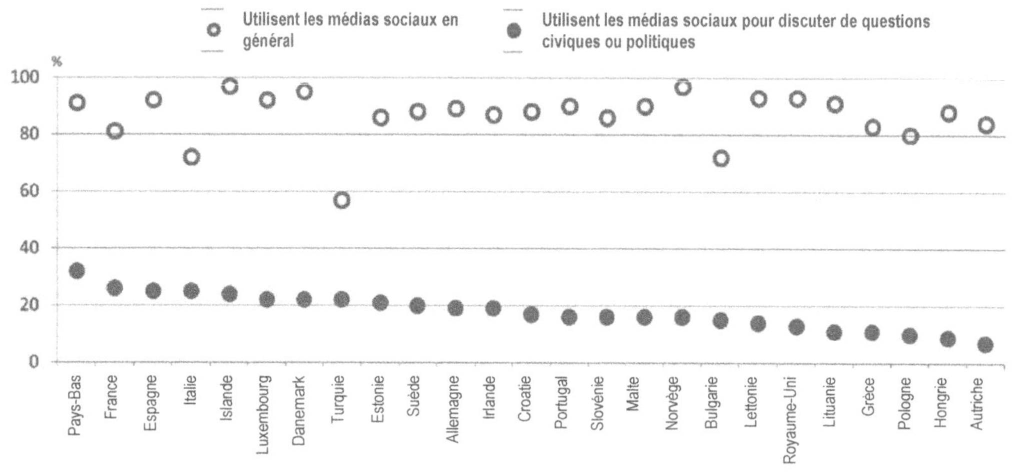

Utilisent les médias sociaux en général
Utilisent les médias sociaux pour discuter de questions civiques ou politiques

%
100
80
60
40
20
0

Pays-Bas, France, Espagne, Italie, Islande, Luxembourg, Danemark, Turquie, Estonie, Suède, Allemagne, Irlande, Croatie, Portugal, Slovénie, Malte, Norvège, Bulgarie, Lettonie, Royaume-Uni, Lituanie, Grèce, Pologne, Hongrie, Autriche

Source : Mickoleit, A. (2014), « Social media use by governments: A policy primer to discuss trends, identify policy opportunities and guide decision makers », *OECD Working Papers on Public Governance*, n° 26, Édition de l'OCDE, http://dx.doi.org/10.1787/5jxrcmghmk0s-en.

Conformément à la tendance dans les pays européens, une étude récente constate que près de la moitié des jeunes des pays et territoires MENA n'utilisent pas leurs comptes pour discuter de la performance du gouvernement. Ceux qui le font utilisent les médias sociaux pour accéder aux informations fournies par le gouvernement (75 %), tandis que seule une minorité envoie des informations en retour (10 %) et fait part de suggestions d'amélioration (7,5 %) ou communique directement avec des fonctionnaires (5 %) (École Mohammed Bin Rashid du gouvernement, 2014b). Dans une autre étude sur les résidents de 22 pays arabes, seulement 7 % des personnes interrogées utilisent les sites web des réseaux sociaux principalement pour contribuer à la vie publique et communautaire et moins de 5 % pour partager des opinions et informer sur des activités politiques. Les trois usages les plus fréquents sont la consultation des actualités et la recherche d'informations et de conseils (27 %), la volonté de garder le contact avec sa famille et ses amis (27 %) et la recherche d'un emploi, la promotion d'une activité entrepreneuriale et de conseils (14 %) (École Mohammed Bin Rashid du Gouvernement, 2014a). Ces résultats soulignent l'importance pour les gouvernements de définir clairement la finalité de leurs initiatives lancées sur les médias sociaux, assorties de mécanismes effectifs de suivi et de rétroaction. La remontée des informations est cruciale, dans la mesure où la frustration peut croître lorsque les jeunes ont le sentiment que leur avis n'est pas pris en compte. En outre, trop de sites gouvernementaux portent la signature de fonctionnaires qui n'ont pas l'expertise requise pour présenter l'information de manière adaptée au public cible. Les gouvernements pourraient accroître l'attrait de leur présence sur le web en s'associant avec de jeunes experts des technologies de l'information.

Au-delà de l'impact positif des données ouvertes sur la transparence, la responsabilité et l'implication de la population (Ubaldi, 2013), l'accès aux données et bases de données administratives (informations juridiques, économiques et sociales par exemple) peut favoriser l'innovation et inciter à créer des services à valeur ajoutée en collaboration avec le gouvernement. Au Canada, Niew Labs, un groupe d'ingénieurs et de développeurs de l'université de Toronto, a conçu « CareerPath » (Niew Labs, 2016), accessible *via* le web et une application mobile, pour permettre aux jeunes Canadiens de consulter une liste de 40 000 postes et visualiser des projections statistiques sur l'emploi et les perspectives professionnelles, sur la base des données d'Emploi et de développement social Canada. Le service apparie la recherche de l'utilisateur aux offres d'emplois et offre ainsi un service très utile pour les jeunes demandeurs d'emploi.

Recommandations

Conformément à la *Recommandation de l'OCDE sur les stratégies numériques gouvernementales*, les gouvernements des pays et territoires MENA pourraient exploiter le potentiel des technologies numériques pour impliquer les jeunes et adapter les services publics à leurs besoins en actionnant les leviers suivants :

1. **Renforcer les cadres de gouvernance pour développer les infrastructures TIC,** qui sont l'un des domaines dans lesquels les pays et territoires MENA ont un retard considérable par rapport à la moyenne des pays de l'OCDE. Au vu de l'actuel « fossé numérique », qui menace d'exclusion les jeunes vulnérables (les femmes, les ruraux et les pauvres par exemple), les initiatives visant à développer les infrastructures devront tenir compte des besoins et des attentes spécifiques de ces groupes.

2. **Investir dans les compétences des agents publics** pour faciliter les échanges avec les jeunes *via* les médias sociaux et d'autres plateformes en ligne. Des formations doivent être prévues dans les plans annuels de formation des fonctionnaires et elles doivent impliquer des représentants des jeunes pour veiller à ce que les informations gouvernementales soient fournies sous une forme attractive pour ce public. Le recours aux médias sociaux pourrait être mentionné

dans les descriptions de postes et les plans de travail afin de garantir que le temps, les capacités et les ressources nécessaires sont alloués à cette tâche.

3. **Réaliser une analyse des services publics présentant un intérêt particulier pour les jeunes** qui pourrait être diffusée en ligne à faible coût et sans y consacrer trop d'efforts, par exemple des conseils juridiques gratuits.

4. **Renforcer l'utilisation de méthodes fondées sur les TIC pour élargir la consultation des jeunes**, notamment avec des enquêtes auprès des usagers ou des sondages d'opinion en ligne et de nouvelles formes d'interaction *via* les médias sociaux. Les gouvernements doivent compléter les activités en ligne par des formes plus traditionnelles d'interaction (comme les tables rondes), afin de s'assurer que les jeunes privés d'accès aux technologies numériques puissent néanmoins faire entendre leur voix et prendre part au processus décisionnel. Grâce à des mécanismes de rétroaction, les participants devront être informés de la suite donnée à leurs contributions.

5. **Analyser les raisons du clivage existant entre hommes et femmes dans l'utilisation des technologies numériques,** pour donner aux uns et aux autres les mêmes opportunités.

6. **Utiliser les technologies mobiles pour faciliter le rapprochement entre demandeurs d'emploi et employeurs** et d'autres formes de promotion de la participation des jeunes à la vie économique, à l'image de l'expérience Souktel en Jordanie, en Cisjordanie et dans la bande de Gaza et ailleurs (encadré 4.10).

Notes

1. Voir www.digitalgov.gov/2015/05/15/government-services-through-a-life-eventsapproach/.

2. Selon la *Charte européenne révisée sur la participation des jeunes à la vie locale et régionale*, les jeunes doivent avoir le « droit, les moyens, la place, la possibilité et, si nécessaire, le soutien voulu pour participer aux décisions, influer sur elles et s'engager dans des actions et activités. ».

3. Le Baromètre arabe est une enquête couvrant plusieurs pays conçue afin d'évaluer les attitudes des citoyens en matière d'affaires publiques, de gouvernance et de politique sociale dans le monde arabe et d'identifier les facteurs façonnant ces attitudes et valeurs. Son objectif est de produire des données fiables sur le plan scientifique concernant certaines attitudes politiques des citoyens ordinaires, mais aussi de diffuser et appliquer les conclusions de l'enquête dans le but de favoriser la réforme politique et de renforcer les capacités institutionnelles de recherche sur les opinions publiques (www. arabbarometer.org/).

4. Selon la définition de l'Union internationale des télécommunications (UIT), l'expression « natifs du numérique » désigne les jeunes qui utilisent Internet depuis cinq ans au moins.

5. Il faut en outre noter que ces estimations sous-évaluent par nature le nombre de jeunes qui naviguent sur Internet, puisqu'elles excluent les jeunes ayant moins de cinq ans d'expérience.

Références

Arnstein, S. (1969), « A ladder of citizen participation », *Journal of American Planning*, Vol. 35, No. 4, pp. 216-224.

Ballingen, J. (2002), « Youth voter turnout », *in* López P., R. et M. Gratschew (dir. pub.), *Voter Turnout: A Global Report*, IDEA, Stockholm, pp. 111-114.

Banque mondiale (2013), « Mobile cellular subscriptions (per 100 people) in 2013 », *World Development Indicators*.

Baromètre arabe (2016), www.arabbarometer.org/ (consulté le 1er avril 2016).

Bremer, J. (2011), « Leadership and collective action in Egypt's popular committees: Emergence of authentic civic activism in the absence of the state », *International Journal of Not-for-Profit Law* 13 (4), décembre, pp. 70-92.

Conseil de l'Europe (2013), *Charte européenne révisée de la participation des jeunes à la vie locale et régionale*, https://rm.coe.int/168071b53c (consulté le 1er avril 2016).

École Mohammed Bin Rashid du gouvernement (2014a), « The Arab world online 2014: Trends in Internet and mobile usage in the Arab region », www.mbrsg.ae/getattachment/ff70c2c5-0fce-405d-b23f-93c198d4ca44/The-Arab-World-Online-2014-Trends-in-Internet-and.aspx (consulté le 1er avril 2016).

École Mohammed Bin Rashid du gouvernement (2014b), « Citizen engagement and public services in the Arab world: The potential of social media », 6e édition, juin, www.mbrsg.ae/getattachment/e9ea2ac8-13dd-4cd7-9104-b8f1f405cab3/Citizen-Engagement-and-Public-Services-in-the-Arab.aspx (consulté le 1er avril 2016).

El Mnasfi, M. (2013), *Les jeunes au Maroc, entre exclusion et absence de confiance*, www.medea.be/2013/12/les-jeunes-au-maroc-entre-exclusion-et-absence-de-confiance/ (consulté le 1er avril 2016).

EuroMed (2013), *Le travail de jeunesse en Tunisie après la révolution*, septembre, http://euromedyouth.net/IMG/pdf/tunisie_apre_s_re_volution_fr.pdf_02-09-13_def.pdf (consulté le 1er avril 2016).

European Youth Information and Counselling Agency (2012), « Information Right Now ! », www.informationrightnow.eu (consulté le 15 novembre 2015).

Farrow, A. (2015), « Participation in 2015: A positive explosion of youth or a struggle to stay relevant? », 7 avril, www.youthpolicy.org/blog/participation-global-governance/participation-struggling-to-stay-relevant/ (consulté le 1er avril 2016).

Global Business School Network (2014), « Souktel and MIT bring digital outsourcing work to youth in Palestine, via mobile », 23 avril, www.gbsnonline.org/blogpost/760188/186221/Souktel-and-MIT-Bring-Digital-Outsourcing-Work-To-Youth-in-Palestine-Via-Mobile.

Government of New Zealand (s.d., a), « Hart's Ladder », Ministry of Youth Development, www.myd.govt.nz/documents/engagement/harts-ladder.pdf (consulté le 1er avril 2016).

Government of New Zealand (s.d., b), « Shier's pathways to participation », Ministry of Youth Development, www.myd.govt.nz/documents/engagement/shier.pdf (consulté le 12 avril 2016).

Government of South Australia (2016), "yourSAy", http://yoursay.sa.gov.au/ (consulté le 1er avril 2016).

Hart, R. (1992), *Children's Participation from Tokenism to Citizenship*, UNICEF Innocenti Research Centre, Florence, www.unicef-irc.org/publications/pdf/childrens_participation.pdf (consulté le 12 avril 2016).

I Watch (2015), *Perception de la démocratie participative chez les jeunes Tunisiens*, www.iwatch.tn/ (consulté le 10 avril 2016).

I Watch (2014), « Survey on youth perceptions of participatory democracy », I Watch, Tunis.

Leeson, M. (2014), « Involving disabled young people in the development of regional child and youth services », présentation à la Conférence du Royaume-Uni sur la pauvreté et le bien-être des enfants, 16 décembre 2014, Cardiff, www.childreninwales.org.uk/wp-content/uploads/2014/10/Maurice-Leeson.pdf.

Livingstone, S., N. Couldry et T. Markham (2007), « Youthful steps towards civic participation: Does the Internet help? », in Loader, B. (ed.), *Young Citizens in the Digital Age: Political Engagement, Young People and New Media,* Routledge, Londres, pp. 21-34.

Mercy Corps (2012), « Civic engagement of youth in the Middle East and North Africa: An analysis of key drivers and outcomes », mars, www.mercycorps.org/sites/default/files/mena_youth_civic_engagement_study_-_final.pdf (consulté le 1er avril 2016).

Mickoleit, A. (2014), « Social media use by governments: A policy primer to discuss trends, identify policy opportunities and guide decision makers », *OECD Working Papers on Public Governance*, n°26, Éditions OCDE, http://dx.doi.org/10.1787/5jxrcmghmk0s-en.

Monroe, M A. (2015), « Government services through a life events approach », 15 mai, www.digitalgov.gov/2015/05/15/government-services-through-a-life-events-approach/ (consulté le 1er avril 2016).

Niew Labs (2016), « Career Path », http://niewlabs.github.io/careerPath/#/home (consulté le 16 Octobre 2015).

OCDE (2016), *Le Gouvernement ouvert en Tunisie,* Examens de l'OCDE sur la gouvernance publique, Éditions OCDE, Paris, http://dx.doi.org/10.1787/9789264227170-fr.

OCDE (2015a), *Le Gouvernement ouvert au Maroc,* Examens de l'OCDE sur la gouvernance publique, Éditions OCDE, Paris, http://dx.doi.org/10.1787/9789264226722-fr.

OCDE (2015b), « The OECD - A partner in open government », www.oecd.org/gov/open-government.htm (consulté le 1er avril 2016).

OCDE (2015c), *All on Board: Making Inclusive Growth Happen*, Éditions OCDE, Paris, http://dx.doi.org/10.1787/9789264218512-en.

OCDE (2014a), *Guide du praticien MENA-OCDE pour impliquer les parties prenantes dans le processus législatif*, Éditions OCDE, http://www.oecd.org/mena/governance/Guide-Praticien-MENA-OCDE.pdf.

OCDE (2014b), *Recommendation of the Council on Digital Government Strategies*, www.oecd.org/gov/digital-government/recommendation-on-digital-government-strategies.htm (consulté le 1er avril 2016).

OCDE (2013), *OECD e-Government Studies: Egypt 2012*, Éditions OCDE, http://dx.doi.org/10.1787/9789264178786-en.

OCDE (2011a), *Panorama des administrations publiques 2011*, Éditions OCDE, Paris, www.oecd-ilibrary.org/governance/panorama-des-administrations-publiques-2011_gov_glance-2011-fr.

OCDE (2011b), *Comment va la vie ? 2015 : Mesurer le bien-être*, Éditions OCDE, Paris, http://dx.doi.org/10.1787/how_life-2015-fr.

OCDE (2010), *OECD Guiding Principles for Open and Inclusive Policy Making*, www.oecd.org/gov/42370872.pdf.

OCDE (2001), *Des citoyens partenaires : Information, consultation et participation à la formulation des politiques publiques*, Éditions OCDE, Paris, http://dx.doi.org/10.1787/9789264295568-fr.

ONU (Nations Unies) (2014), *United Nations E-Government Development database*, https://publicadministration.un.org/egovkb/portals/egovkb/documents/un/2014-survey/e-gov_complete_survey-2014.pdf.

Population Council West Asia and North Africa Office (2011), *Survey of Young People in Egypt: Final Report*, janvier.

Shier, H. (2001), « Pathways to participation: Openings, opportunities and obligations », *Children and Society*, Vol. 15, John Wiley and Sons Ltd., pp. 107-117, www.ipkl.gu.se/digitalAssets/1429/1429848_shier2001.pdf (consulté le 1er avril 2016).

Smith, B. (2013), « Tips for youth engagement on social media », *Build social*, 7 août, www.buildsocialconsulting.com/youth-engagement-social-media/.

Souktel (2009), « Souktel: Mobile technology that helps youth find jobs and training », présentation PowerPoint, décembre.

TakingITGlobal (2006), « National youth councils - Their creation, evolution, purpose, and governance », http://acdn.tigurl.org/images/resources/tool/docs/762.pdf.

Tun'Act (2016), http://tunact.org/ (consulté le 12 avril 2016).

Ubaldi, B. (2013), « Open government data: Towards empirical analysis of open government data initiatives », *OECD Working Papers on Public Governance*, No. 22, Éditions OCDE, http://dx.doi.org/10.1787/5k46bj4f03s7-en.

UIT (Union internationale des télécommunications) (2013), *Measuring the Information Society*, UIT, Genève, www.itu.int/en/ITU-D/Statistics/Pages/publications/mis2013.aspx (consulté le 2 avril 2016).

Vodafone (2013), « Connected worker: How mobile technology can improve working life in emerging economies », avril, www.souktel.org/sites/default/files/resources-files/vodafone_connected_worker.pdf.

Youth Affairs Council of Victoria (2013), « 'What makes you tweet?' Young people's perspectives on the use of social media as an engagement tool », www.yacvic.org.au/component/docman/doc_download/336-report-what-makes-youtweet-young-people-s-perspectives-on-the-use-of-social-media-as-an-engagement-tool (consulté le 1er avril 2016).

Youth Forum for Youth Policy (2016), www.youthforum-lb.org/en/ (consulté le 1er avril 2016).

YouthLaw Aoearoa (2016), www.youthlaw.co.nz/ (consulté le 23 mars 2016).

Chapitre 5

Prendre en considération la jeunesse dans la gouvernance publique

Ce chapitre attire l'attention sur le rôle décisif que joue la gouvernance publique pour définir les conditions dans lesquelles les jeunes hommes et femmes peuvent faire entendre leur voix et participer à l'élaboration des politiques. Prenant acte de l'insuffisante prise en compte des questions relatives à la jeunesse dans les politiques et stratégies publiques des pays et territoires MENA, comme dans les services apportés à la population, ce chapitre esquisse des pistes pouvant permettre aux gouvernements de tenir compte de ces questions. Il affirme que l'intégration des jeunes dans la gouvernance publique – l'ensemble de processus et d'outils stratégiques mais également d'institutions, de règles et d'interactions au service d'une élaboration efficace des politiques – est indispensable pour la rapprocher des besoins des jeunes et renforcer l'impact des programmes en faveur des jeunes. Cette notion d'intégration des jeunes sera discutée dans six domaines clés : intégrité du secteur public, budgétisation publique, gestion des ressources humaines dans la fonction publique, politique réglementaire, gouvernance locale et égalité hommes-femmes.

Intégrité du secteur public : veiller à allouer à la jeunesse une juste part des ressources publiques

La confiance des citoyens dans les institutions publiques et le gouvernement a décliné dans les pays de l'OCDE comme dans la région MENA. Sur ce plan, les jeunes ne font pas exception. Comme le montre le graphique 3.1 (chapitre 3), la confiance de la jeune génération dans les capacités du gouvernement à satisfaire ses besoins est beaucoup plus faible que celle de ses parents dans tous les pays et territoires MENA étudiés dans ce rapport.

Les données de l'OCDE suggèrent que le degré d'intégrité du secteur public est un déterminant fondamental de la confiance[1]. Des politiques d'intégrité et des institutions dotées de mandats forts d'examen de l'action du gouvernement peuvent renforcer la crédibilité et la légitimité des responsables de l'élaboration des politiques publiques, préserver l'intérêt général et restaurer la confiance. Le lien entre la confiance des jeunes dans les institutions publiques et dans leur propre avenir, dans la croissance économique et dans le progrès social a été mis en évidence par l'OCDE[2]. Si, pour les pays de l'OCDE, regagner la confiance des jeunes dans leur gouvernement à travers des cadres d'intégrité optimisés est un enjeu urgent, il est encore plus aigu dans les pays et territoires MENA. Dans l'indice 2014 de perception de la corruption de Transparency International, aucun des pays et territoires étudiés dans ce rapport ne figure dans les 50 premières places (sur 175). Au 55e rang, la Jordanie s'en sort toujours relativement bien, tandis que la Libye fait partie des dix pays les plus mal classés (Transparency International, 2014a)[3].

Comment la corruption affecte-t-elle les jeunes des pays et territoires MENA ?

Les jeunes des pays et territoires MENA sont touchés par la corruption d'au moins trois manières. En premier lieu, ils y sont confrontés dans leurs échanges avec les institutions et les agents publics, ce qui nuit à la qualité des services et restreint la création d'emplois. En deuxième lieu, la petite corruption y est endémique. Enfin, les jeunes font les frais d'une corruption politique qui détourne d'eux les ressources et le pouvoir. Chacune de ces dimensions sera analysée plus bas.

Les jeunes occupent une place spécifique dans la société, en tant qu'étudiants, travailleurs, consommateurs ou électeurs, et sont, à tous ces titres, potentiellement soumis à l'influence indue des corrupteurs. *L'Examen de l'OCDE du cadre d'intégrité dans le secteur public en Tunisie* relève le risque particulièrement important de corruption dans la délivrance des services sociaux dont dépendent un grand nombre de jeunes hommes et femmes. Les jeunes sont les principaux usagers de l'enseignement secondaire et supérieur et des utilisateurs importants des services de santé, de placement professionnel et d'emploi. Chacune de ces activités est exposée à des pratiques de corruption (paiements informels, pots-de-vin ou corruption déguisée, à l'instar des cours privés dans l'enseignement secondaire ou de la vente à l'université de manuels d'enseignants non publiés). L'absence de mécanismes de responsabilité dans le système éducatif entretient des pratiques nuisibles, comme la triche aux examens, les paiements parallèles dans l'enseignement supérieur ou l'absentéisme des enseignants. Le *Scan d'intégrité* de la Tunisie réalisé par l'OCDE a montré que 70 % des élèves tunisiens âgés de 15 ans prennent des cours particuliers en dehors de l'enseignement secondaire pour augmenter leurs chances de réussite (OCDE CleanGovBiz, 2013). Ce constat révèle des problèmes de qualité du système d'enseignement et peut également être relié à un manque de confiance plus général dans les institutions publiques.

Un autre problème majeur, celui de la petite corruption, a des conséquences très négatives sur les jeunes. Dans une société où la réussite d'une transaction (commerciale), l'obtention de documents officiels (un permis de conduire par exemple) ou l'accession aux services publics dépend de versements additionnels, il est difficile d'imaginer comment il pourrait en être autrement. Comme le confirme une étude réalisée par l'Association tunisienne des contrôleurs publics, une organisation de la société civile, la petite corruption est omniprésente mais trop souvent banalisée : 70 % des personnes interrogées dans le cadre de cette étude considèrent que la petite corruption facilite les interactions quotidiennes. Cette opinion est très répandue chez les plus jeunes (les 18-25 ans), dont 75 % sont d'accord avec cette affirmation, contre 63 % des personnes âgées de 55 ans et plus (Association tunisienne des contrôleurs publics, 2015).

Enfin, les jeunes sont victimes des distorsions du processus décisionnel provoquées par la corruption. En détournant l'argent public et le pouvoir au profit d'une minorité, elle réduit les financements censés améliorer les services d'éducation et de santé, les perspectives d'emploi et d'autres services indispensables pour les jeunes. Ainsi, lorsque les coûts de construction sont gonflés, le nombre de nouvelles écoles diminue, ce qui pénalise les jeunes, surtout dans les zones périurbaines en expansion rapide. Une note de politique publique préparée pour la Revue des dépenses publiques de l'Égypte de la Banque mondiale de 2005 constatait que les écoles construites par l'autorité en charge des établissements d'enseignement « coûtaient plus de 46,5 % de plus pour les écoles primaires et préparatoires, et 15,9 % de plus pour les écoles secondaires » que des écoles comparables construites par une organisation non gouvernementale avec des fonds alloués par des bailleurs (Banque mondiale, 2005).

Impliquer les jeunes dans le renforcement de l'intégrité du secteur public

Les gouvernements peuvent s'allier aux jeunes pour lutter contre la corruption. Dans certains pays et territoires MENA, comme en Tunisie, les organisations de la société civile surveillent depuis longtemps déjà l'action gouvernementale et militent pour l'intégrité du secteur public. Ces dernières années, de nouvelles organisations ont vu le jour avec pour ambition de renforcer la transparence et l'ouverture du gouvernement. Des associations professionnelles de contrôleurs et de comptables ont été incitées à étendre leurs activités et à réaffirmer les normes de leur profession. Les associations de jeunes peuvent jouer un rôle similaire en évaluant la performance des institutions publiques chargées de la jeunesse dans les domaines où le gouvernement central n'a pas les capacités requises, en particulier au niveau local.

Partout dans le monde, les initiatives visant à impliquer les jeunes dans la lutte contre la corruption se multiplient. Certaines sont menées par les gouvernements, d'autres par des institutions indépendantes, la société civile ou les associations de jeunesse. À Hong Kong, Chine, la Commission indépendante de lutte contre la corruption (ICAC) a mis en place des outils et des applications adaptés aux médias utilisés par les jeunes pour promouvoir des valeurs fondamentales d'intégrité (à travers des feuilletons télévisés, des jeux, des bandes dessinées, les médias sociaux…). Le travail de l'ICAC (encadré 5.1) est un exemple de l'utilisation d'un filtre intégrant les points de vue de la jeunesse pour combattre la corruption en s'efforçant de sensibiliser le plus tôt possible celles et ceux qui, un jour, auront des responsabilités économiques et politiques.

Dans la région MENA, la société civile s'est appuyée sur la créativité des jeunes pour accroître la résistance contre les attraits de la corruption. L'encadré 5.2 présente des initiatives lancées au Maroc et en Tunisie pour adapter les messages véhiculant les valeurs d'intégrité aux centres d'intérêt des jeunes.

Encadré 5.1. **Sensibiliser les jeunes à la lutte contre la corruption à travers les médias numériques : l'exemple de la Commission indépendante de lutte contre la corruption (ICAC) à Hong Kong, Chine**

À Hong Kong, Chine, la Direction des relations avec la population de l'ICAC s'appuie sur les médias numériques pour informer les jeunes des mesures visant à favoriser l'intégrité, la transparence et la lutte contre la corruption.

L'ICAC a créé un site web, « iTeenCamp » (www.iteencamp.icac.hk), pour diffuser les dernières nouvelles de la Commission, informer sur la prévention de la corruption et mettre à disposition des outils et des ouvrages audiovisuels. À travers des jeux en ligne, des bandes dessinées, des quizz et des sections interactives (sondages et tests de personnalité par exemple), le site enseigne les valeurs d'intégrité. Les jeux sont conçus pour différents groupes d'âge et profils. Ainsi, le feuilleton télévisé « Les enquêteurs de l'ICAC » cible les amateurs de cinéma. L'ICAC intervient activement sur Facebook (« iTeen Xtra ») et Twitter, en dénoçant les effets négatifs de la corruption.

Source : Commission indépendante de lutte contre la corruption de Hong Kong, Chine, www.iteencamp.icac.hk/EngIntro/Shows (consulté le 12 avril 2016).

Encadré 5.2. **Lutter contre la corruption grâce au spectacle vivant**

À l'occasion de l'édition 2014 de la Journée internationale de la lutte contre la corruption, divers événements – et notamment des spectacles de musique, de danse et de théâtre – ont rassemblé des centaines de jeunes dans les rues de Casablanca pour célébrer l'intégrité et sensibiliser au problème de la corruption. Dans le cadre d'une pièce de théâtre « Paroles urgentes » – un projet à l'initiative des jeunes – des parapluies ont été distribués au public pour former un énorme bouclier contre la corruption. En Tunisie, l'organisation de la société civile I Watch a organisé un concours de slam et un spectacle d'humoriste pour inciter les jeunes à s'inscrire en vue des élections législatives et présidentielles de 2014.

Source : Transparency International (2014b), « Anti-corruption kit: 15 ideas for young activists », http://issuu.com/transparencyinternational/docs/2014_anticorruptionkit_youth__en ?e=2496456/8912943 (consulté le 10 avril 2016).

Recommandations

Les gouvernements des pays et territoires MENA peuvent s'allier aux jeunes pour renforcer les cadres d'intégrité et la lutte contre la corruption dans le secteur public, en actionnant les leviers suivants :

1. **Impliquer les jeunes dans le suivi de la mise en œuvre des politiques, des programmes et des services publics**, particulièrement au niveau local, qu'ils interviennent en tant que bénévoles ou, idéalement, comme intermédiaires missionnés par l'État. Le gouvernement y gagnerait une grande flexibilité pour assurer ce suivi tandis que, pour les jeunes, ce serait l'occasion d'acquérir des compétences, voire de trouver un emploi plus permanent, et de participer à améliorer la qualité des services qui les concernent directement. Les jeunes pourraient aussi être mobilisés pour aider le gouvernement à analyser les données

existantes indispensables pour la lutte contre la corruption mais difficiles à présenter de manière claire et à interpréter. Lorsque les jeunes sont très motivés et qu'il n'y a pas d'enjeu de confidentialité, la collecte participative de données *(crowdsourcing)* peut constituer un moyen d'enrichir les informations disponibles. À cet effet, des séries de données permettant d'extraire des informations distinctes en fonction de l'âge et du sexe seraient particulièrement adaptées.

2. **Promouvoir des alliances afin de signaler des abus, des détournements de ressources et des cas de corruption**, en tissant des partenariats plus solides entre organisations de jeunes, organisations de la société civile, institutions indépendantes (agences de lutte contre la corruption, bureau du médiateur, etc.) et médias.
3. **Mettre en place des mécanismes et des canaux pour inciter les jeunes à signaler des cas de corruption**. Un suivi indépendant peut être encouragé par l'introduction de mécanismes efficaces de protection. Les efforts actuels des pays et territoires MENA pour concevoir des cadres juridiques de protection des lanceurs d'alerte (en Tunisie par exemple) doivent se concentrer sur les domaines où les jeunes sont les plus exposés à la corruption.
4. **Renforcer les initiatives de communication pour sensibiliser** les jeunes aux codes de déontologie en vigueur dans l'administration publique, aux droits civiques et aux mécanismes d'application de la loi. Dans leurs interactions avec les agents publics, les jeunes doivent connaître leurs droits pour ne pas être victimes d'abus, faute d'informations.
5. **Favoriser la sensibilisation des étudiants et des autres citoyens à l'intégrité**. Des jeunes dotés de compétences en communication et ceux qui sont intéressés par les professions d'enseignant et de formateur devraient être recrutés pour une durée déterminée afin de concevoir et mettre en œuvre des programmes de formation pour les élèves et les étudiants et d'autres publics qui gagneraient à mieux comprendre le phénomène de la corruption et les solutions pour l'endiguer.

Établissement du budget de l'État : accroître l'impact de la programmation en faveur des jeunes

La *Recommandation du Conseil de l'OCDE sur la gouvernance budgétaire* définit le budget comme un document de politiques essentiel, montrant quelles priorités seront attribuées aux objectifs du gouvernement et comment ceux-ci seront atteints. Il constitue en tant que tel un instrument efficace pour concrétiser les plans et stratégies nationaux et traduire les promesses électorales en améliorations tangibles. Pour un jeune, les effets redistributifs des politiques ainsi que la part des dépenses publiques allouée à certains secteurs clés (éducation ou santé par exemple) sont donc d'un intérêt crucial.

La recommandation s'intéresse à un autre aspect d'une gestion financière saine, en soulignant les liens réciproques entre une bonne budgétisation et une gouvernance publique moderne pour instituer les piliers que sont la transparence, l'intégrité, l'ouverture, la participation, la responsabilité et, en dernier ressort, établir la confiance entre institutions publiques et citoyens.

Les budgets publics sont l'instrument central de l'articulation des politiques et des objectifs. Face aux contraintes macroéconomiques et à des perspectives économiques difficiles dans certains secteurs importants (comme le tourisme), sans parler de l'atonie générale de l'investissement et de la croissance, il devient plus urgent que jamais de parvenir à une utilisation efficace des ressources publiques. Dans ce contexte, certains pays et territoires MENA engagent des réformes ambitieuses pour lier plus étroitement les budgets aux programmes, aux priorités stratégiques et aux objectifs.

En Tunisie, le gouvernement a introduit le principe de gestion du budget par objectifs (GBO) dans 19 ministères pilotes et devait adopter une nouvelle loi budgétaire organique fin 2016 ou courant 2017, qui généralisera officiellement ces règles à toute l'administration publique. La réforme vise à mieux allouer les ressources publiques et à améliorer la performance globale et le contrôle des dépenses publiques. Dans la lignée des recommandations du *Rapport sur le renforcement de la transparence budgétaire au service d'une meilleure gouvernance publique en Tunisie* (2013a) et du *Rapport sur la gestion du budget par objectifs au service de la gouvernance publique* (à paraître) de l'OCDE, et grâce au soutien de l'OCDE pour assurer la publication du budget exécutif du pays de 2014 – une décision qui a permis à la Tunisie d'adhérer au PGO –, la réforme devrait améliorer la transparence et la performance du gouvernement.

Des efforts similaires ont été entrepris au Maroc, qui a récemment publié au *Bulletin officiel* une nouvelle loi organique relative à la loi de finances (LOLF). La LOLF aligne la gestion des finances publiques sur les nouvelles dispositions de la Constitution. Ainsi, après une phase pilote dans quatre ministères, les budgets seront établis en fonction des programmes. En Cisjordanie et dans la bande de Gaza et malgré les progrès pour améliorer la transparence du budget et les mécanismes de responsabilité, de sérieux problèmes entourent l'introduction d'une budgétisation axée sur les résultats et de cadres de dépenses fiscales à moyen terme. En Jordanie, le premier Plan d'action soumis au PGO (2012-14) prévoit un engagement à évaluer la performance des institutions publiques sur la base d'indicateurs précis et à réviser la loi budgétaire annuelle pour les entités gouvernementales en fonction des phases avancées de la budgétisation axée sur les résultats. Le plan s'engage à conforter le développement des programmes et activités en rapport avec « le social, les femmes et les enfants » et le volume de ressources allouées à moyen terme (Partenariat pour le gouvernement ouvert, s. d.).

Le fait d'associer l'argent du contribuable à des programmes et des résultats plutôt qu'à des catégories de dépenses peut être un bon levier pour aligner les objectifs des politiques de la jeunesse sur les mécanismes d'allocation des ressources publiques. La définition des indicateurs et des objectifs de performance doit refléter les intérêts des jeunes. Les plans de développement national sont pour le gouvernement l'occasion de définir des stratégies et objectifs plus larges ainsi que l'approche qu'il compte emprunter pour les satisfaire. La consultation des jeunes pour l'élaboration de stratégies de développement pluriannuelles est d'une importance décisive et ne doit donc pas être laissée à la seule discrétion des agents publics.

Si les budgets publics ne suscitent pas encore l'engouement des jeunes hommes et femmes, c'est sans doute parce que ces derniers n'ont pas encore pris la mesure de leur rôle vital pour assurer le développement économique et social d'un pays et pour leur propre parcours. L'Agence suédoise de coopération internationale pour le développement (SIDA) qualifie la gestion des finances publiques d'« outil probablement le plus puissant qui permet à un gouvernement de mettre œuvre ses politiques et de faire progresser les droits de la population » et identifie sept raisons pour lesquelles les enfants et les jeunes gens doivent être associés au dialogue tout au long du cycle budgétaire (encadré 5.3).

Encadré 5.3. Gestion des finances publiques : les droits des enfants et des jeunes gens

1. **Les ressources publiques d'un pays sont la propriété de ses habitants.** Les fonds disponibles doivent être gérés avec équité et responsabilité, afin de satisfaire les besoins de la population.
2. **Les enfants et les jeunes gens ont des droits.** Ils peuvent demander à ce que leurs droits soient respectés. Les États ont l'obligation légale d'utiliser les ressources pour faire de ces droits une réalité.
3. **La protection et l'amélioration des droits des enfants et des jeunes gens ont un coût.** Mieux les ressources sont gérées en vue de satisfaire les normes des droits de l'homme, meilleure est la qualité des services qui leur sont fournis.
4. **Le budget d'un pays reflète ses priorités réelles en matière de développement.** Si un pays est réellement désireux de donner la priorité au bien-être des enfants et des jeunes gans, ses décisions et ses pratiques budgétaires doivent le prouver.
5. **Le gaspillage, la mauvaise gestion et la corruption dégradent la qualité des services.** Lorsque les services n'atteignent pas les bénéficiaires visés, cela a des conséquences particulièrement dévastatrices pour les enfants et les jeunes gens vivant en situation de risque ou de danger, handicapés ou en situation d'extrême pauvreté.
6. **Ce qui arrive aux enfants et aux jeunes gens aujourd'hui affectera le pays pour les décennies à venir.** Une population en bonne santé, et bien éduquée est mieux préparée à affronter les défis de demain.
7. **La manière dont un pays lève des ressources et l'importance de la charge de la dette ont des conséquences pour les générations futures.** Les enfants d'aujourd'hui seront confrontés à de graves difficultés si les institutions publiques et les économies sont incapables de pourvoir aux besoins de la population.

Source : Agence suédoise de coopération internationale pour le développement (2012), « Public financial management for the rights of children and young people », www.sida.se/contentassets/dfa19bd6efc84f25800edaa90590008e/public-financial-management-for-the-rights-of-children-and-young-people_3224.pdf (consulté le 1er avril 2016).

Un dialogue entre les agents de la fonction publique et les jeunes autour de l'allocation des ressources publiques exige que les deux parties soient parfaitement informées. La présentation adaptée des informations et des données budgétaires dans un vocabulaire que les jeunes comprennent est probablement l'obstacle le plus important à surmonter pour susciter l'intérêt de ce groupe d'âge. Afin d'éliminer tous les aspects effrayants d'un budget, les informations techniques doivent être transmises au travers de présentations attractives, surtout quand elles touchent à des domaines qui préoccupent directement les jeunes. L'explosion des budgets citoyens dans les pays et territoires MENA – comme c'est le cas au Maroc (depuis 2012), en Tunisie (depuis 2014), en Cisjordanie et dans la bande de Gaza (en 2014) et en Égypte (avec une première publication en 2010 et une autre en 2014)[4] – est un bon point de départ pour rendre les informations budgétaires accessibles aux jeunes. Le chapitre précédent consacré au rôle des technologies numériques propose aux gouvernements des pistes pour recourir au meilleur canal de diffusion. Les jeunes peuvent être incités à participer au processus, au travers par exemple d'un concours servant à proposer des idées créatives pour traduire les données budgétaires en messages et conseils politiques.

Le gouvernement de Hong Kong, Chine, présente les données et les informations budgétaires dans un format attractif pour les jeunes (encadré 5.4).

Encadré 5.4. **Dites-le avec des « bulles » : de l'influence des budgets publics sur la vie des jeunes**

Pour la présentation de son budget 2010-11, le gouvernement de Hong Kong, Chine, a réalisé une bande dessinée destinée à stimuler l'intérêt des jeunes pour tout ce qui a trait aux questions budgétaires et de finances publiques. Elle raconte l'histoire de jeunes confrontés à différents problèmes et la manière dont ils apprennent ce qu'est un budget et s'efforcent de peser sur les décisions afin de les résoudre. La bande dessinée peut être téléchargée ou lue en ligne.

Le site web propose en outre un aperçu intelligible des « données saillantes du budget », expliquées par différents personnages de la bande dessinée. Il présente les objectifs stratégiques du gouvernement (consolider le redressement économique, favoriser le développement, assurer le bien-être de la population) et différentes politiques concrètes pour chacun de ces objectifs (par exemple, en lien avec le bien-être de la population : développer le capital humain en soutenant l'apprentissage, en promouvant la culture et le sport, en luttant contre la toxicomanie, en améliorant la santé publique, en prenant soin des nécessiteux et en aidant les demandeurs d'emploi).

Le site donne enfin quelques exemples d'allocation de l'argent public à des objectifs spécifiques (« octroi d'une allocation de 1 000 dollars aux étudiants qui reçoivent une bourse. Cette mesure coûtera 570 millions de dollars »).

Source : Government of Hong Kong, China (2010), www.budget.gov.hk/2010/chi/flip/main.html (consulté le 12 avril 2016).

L'allocation des ressources publiques consiste à procéder à des arbitrages décisifs pour l'avenir d'une société. Une approche inclusive pour discuter des sources de financement et des bénéficiaires des fonds publics est donc indispensable. Toutes les parties prenantes, y compris les jeunes, doivent avoir les connaissances et les capacités requises pour échanger avec les décideurs tout au long du cycle budgétaire, de la planification à l'examen des dépenses publiques.

La ville de Boston, aux États-Unis, a fait preuve d'une confiance et d'une ouverture importantes vis-à-vis des jeunes, qu'elle a impliqués dans l'allocation des ressources publiques. L'encadré 5.5 présente le projet « Les jeunes dirigent le changement », qui a servi de modèles à d'autres villes américaines pour organiser des processus budgétaires participatifs conduits par les jeunes.

La région MENA a aussi connu ses premières expériences d'implication des jeunes dans les processus budgétaires participatifs. En Tunisie, les citoyens, et les jeunes en particulier, ont été invités en 2014 à participer à l'allocation de 2 % du budget municipal des villes de La Marsa, Menzel Bourguiba, Tozeur et Gabes. À Menzel Bourguiba notamment, les pouvoirs publics ont organisé un programme de sensibilisation des citoyens pour les inciter à participer aux réunions publiques sur la question (Naser, 2014).

Encadré 5.5. **Les jeunes dirigent le changement : un processus budgétaire participatif dirigé par les jeunes à Boston**

Boston a été pionnière dans l'organisation de processus budgétaires participatifs dirigés par les jeunes aux États-Unis. En 2014, le projet municipal « Les jeunes dirigent le changement » a pour la première fois donné aux adolescents et jeunes adultes (âgés de 12 à 25 ans) un rôle actif pour décider de la manière d'investir une partie du budget de la ville (1 million de dollars). Les jeunes ont été impliqués dans toutes les étapes du processus, de la définition des projets à la soumission des propositions finales en passant par les discussions sur les dépenses prioritaires. Les propositions finales ont été élaborées au cours de réunions mixtes avec des agents et des organismes municipaux.

Sur une semaine, les jeunes Bostonais ont pu voter pour quatre des 14 projets conçus conjointement dans quatre catégories : éducation, culture communautaire (création d'espaces artistiques par exemple), parcs/environnement/santé (réhabilitation des espaces verts), et rues et sécurité. Des lieux de vote ont été installés dans des centres communautaires, des écoles et des stations de métro dans toute la ville. Pour un grand nombre de jeunes, c'était la première fois qu'ils votaient.

Sources : City of Boston (s. d.), « Youth Lead the Change: Participatory Budgeting Boston », Division of Youth Engagement and Employment, www.boston.gov/departments/boston-centers-youth-families/youth-lead-change; Gilman, H.-R. (2014), « What happened when the City of Boston asked teenagers for help with the budget », 26 juin, https://nextcity.org/daily/entry/boston-young-people-participatory-budgeting-winners-youth-lead-change (consulté le 12 avril 2016).

Le dernier exemple, emprunté à la Tunisie (encadré 5.6) montre comment les jeunes peuvent s'impliquer dans le suivi des dépenses publiques et s'intéresser à la performance des gouvernements pour éviter les utilisations abusives et le gaspillage des ressources publiques ainsi que la corruption. Les organisations de la société civile conduites par des jeunes peuvent faire alliance avec les parlements, les organes de contrôle et d'audit et les institutions indépendantes (comme le bureau du médiateur et les agences de lutte contre la corruption) pour obtenir du gouvernement qu'il rende des comptes. Dans le contexte de l'évolution vers une budgétisation axée sur la performance dans les pays et territoires MENA, les audits de performance peuvent notamment s'appuyer sur l'expertise des jeunes pour corroborer sur le terrain la véracité des résultats affichés.

Encadré 5.6. **Suivi du budget par des organisations de la société civile conduites par des jeunes en Tunisie**

Soucieuse d'effectuer un suivi des dépenses publiques, l'organisation de la société civile conduite par des jeunes Al Bawsala a lancé le projet « Marsad Budget ». Le site web construit à cet effet vise à remédier au caractère technique des budgets publics et à les rendre intelligibles pour des citoyens ordinaires afin qu'ils participent à des débats publics sur les priorités de dépenses et la performance du gouvernement.

L'idée de la plateforme Marsad Budget est de simplifier les données et les informations budgétaires afin de faciliter le contrôle des processus budgétaires, et d'informer un public élargi sur la conception et la mise en œuvre d'initiatives réglementaires. En s'appuyant sur les données et les informations rendues publiques par l'administration et d'autres sources, le site web offre un accès aisé, qui permet d'utiliser et de comparer les éléments sur le budget et les ressources humaines du parlement, de la présidence et de différents ministères. Il compile des informations sur l'évolution des dépenses de chaque entité depuis 2012, avec la possibilité de télécharger des

Encadré 5.6. **Suivi du budget par des organisations de la société civile conduites par des jeunes en Tunisie** *(suite)*

séries de données et des coordonnées de contact. Lorsqu'un budget axé sur la performance existe, Marsad Budget présente l'allocation des ressources par objectifs.

Source : Al Bawsala (2016), « Marsad Budget », http://budget.marsad.tn/fr/ (consulté le 2 avril 2016).

Recommandations

Les gouvernements des pays et territoires MENA peuvent impliquer les jeunes et favoriser ce faisant une approche plus inclusive, en actionnant les leviers suivants :

1. **Consulter les organisations de jeunes et les organisations de la société civile conduites par des jeunes pour identifier** des indicateurs et des objectifs de programme pertinents, surtout dans le cadre de la transition vers une budgétisation axée sur la performance. Une approche inclusive est susceptible d'accroître la légitimité du processus et de favoriser l'adoption d'objectifs réalistes plus ambitieux.
2. **Rendre public un budget citoyen qui mette en évidence les dépenses liées aux jeunes** afin de faire connaître les investissements publics en faveur des jeunes hommes et femmes (dépenses publiques d'éducation et de santé, projets et initiatives spécifiques pour les jeunes, etc.). Des données ventilées par âge peuvent stimuler le débat public sur la performance du gouvernement et les dépenses liées aux jeunes.
3. **Impliquer les jeunes dans l'allocation des dépenses publiques** à travers des approches de budgétisation participative. Le projet « Les jeunes dirigent le changement » mené à Boston (encadré 5.5) montre que des jeunes hommes et femmes peuvent participer à toutes les étapes du processus budgétaire – depuis la soumission d'idées de projets jusqu'à la décision par le biais du vote en passant par la formulation conjointe de propositions de projets. Surtout, la budgétisation participative impliquant les jeunes est un moyen de pratiquer une prise de décisions démocratique.
4. **Élaborer des stratégies pour améliorer la compréhension des questions budgétaires parmi les jeunes** afin de les préparer à réfléchir de manière critique aux dépenses publiques et à tenir le gouvernement comptable de son action. Une bonne connaissance des mécanismes financiers constitue une compétence fondamentale permettant aux jeunes de participer à la société moderne, de choisir une carrière et des cursus d'étude, mais aussi de gérer les ressources dont ils disposent[5].

La gestion publique des ressources humaines : lever les obstacles structurels à l'emploi des jeunes

La région MENA, qui affiche les taux de chômage des jeunes et d'inactivité des femmes les plus élevés au monde, est confrontée à plusieurs obstacles structurels qui empêchent des pans entiers de la société de contribuer au développement économique de leurs pays et d'en tirer parti.

L'importance du taux de chômage des jeunes, en particulier parmi les jeunes femmes, s'explique par la faiblesse du développement du secteur privé et par l'impossibilité pour le secteur public d'embaucher davantage de diplômés de l'enseignement supérieur. Les marchés du travail n'ont pas la capacité d'absorber plus de nouveaux entrants qualifiés et souffrent d'un problème d'inadéquation des compétences. Ce décalage est particulièrement marqué au Maroc, en Tunisie et au Yémen, où 27 à 32 % des entreprises déclarent ne pas être satisfaites des qualifications des jeunes candidats. Le degré d'insatisfaction dans les autres pays et territoires couverts par ce rapport est nettement plus faible (6 à 12 %) (Banque mondiale, s. d.). Les emplois informels semblent souvent être la seule option viable pour gagner modestement sa vie, mais ils vont rarement de pair avec une protection juridique ou sociale de base ou des avantages sociaux. En Égypte et en Cisjordanie et dans la bande de Gaza, environ 51 et 57 % des emplois totaux seraient informels[6].

Les jeunes et l'emploi : décalage entre l'offre et la demande

L'augmentation rapide de la scolarisation dans l'enseignement supérieur a conduit les jeunes à espérer trouver un emploi qualifié, beaucoup dédaignant les emplois ouvriers. Le graphique 5.1 compare la distribution des emplois occupés par les jeunes en Égypte aux attentes des jeunes toujours en recherche d'emploi. Tandis que 76 % des demandeurs d'emploi recherchent des postes de spécialistes ou de techniciens, 15 % seulement des jeunes qui travaillent occupent des fonctions de ce type. Inversement, près de 60 % des jeunes employés occupent des fonctions d'artisans ou d'ouvriers qualifiés, alors que moins de 7 % des jeunes au chômage opteraient pour des fonctions de ce type. Ce décalage entre la demande et l'offre révèle des défaillances structurelles dans de nombreuses économies de la région MENA, à l'origine d'un mécontentement croissant tant des jeunes diplômés que des employeurs.

Graphique 5.1. **Postes recherchés par les jeunes Égyptiens demandeurs d'emploi comparés aux postes effectivement occupés par les jeunes Égyptiens qui travaillent, 2014**

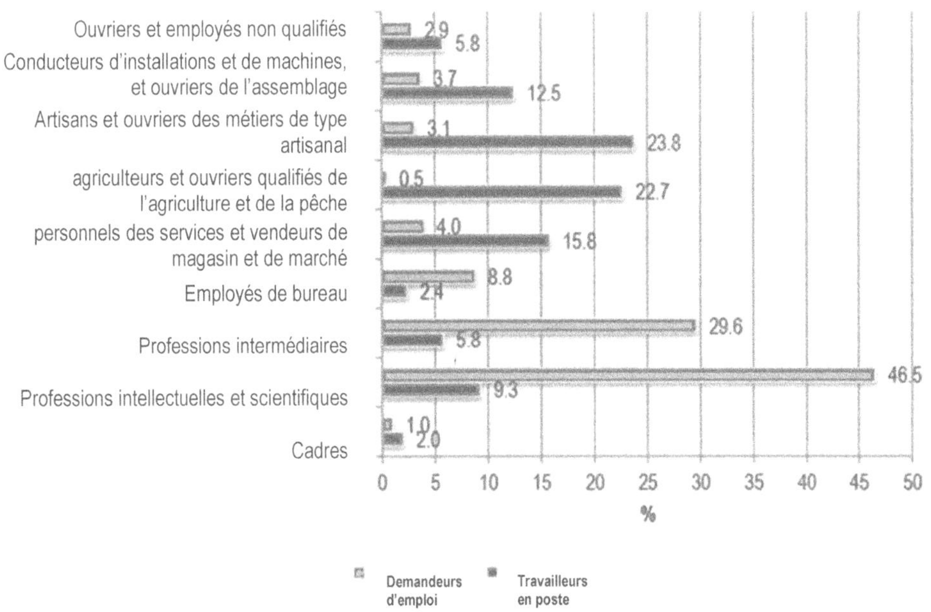

Source : Barsoum, G., M. Ramadan et M. Mostafa (2014), « Labour market transitions of young women and men in Egypt », *Work4Youth Publication Series*, n° 16, juin, OIT, Genève.

Il n'existe pas de recette simple pour corriger ces défaillances structurelles. Cette section s'intéresse à la performance des systèmes de gestion publique des ressources humaines (GRH), en s'appuyant sur l'argumentation d'Afiouni et al. (2014) et d'autres, qui affirment que les systèmes de GRH sont un moyen de faciliter l'émancipation économique des jeunes.

Malgré une informalité croissante et l'absence de pratiques de GRH, l'emploi dans le secteur public reste privilégié

L'analyse par l'OCDE des cadres nationaux de GRH s'appuie sur une approche multidimensionnelle, englobant les cadres juridiques régissant l'emploi public et sa composition, la gestion des ressources humaines (recrutement, salaires, gestion de la performance et planification des effectifs...), le développement des futurs cadres du secteur public, etc. Si l'objet de ce rapport n'est pas de proposer une analyse exhaustive, il aborde certains des enjeux majeurs de la GRH dans le secteur public auxquels sont confrontés aujourd'hui les pays et territoires MENA : la préférence des jeunes diplômés pour les emplois publics ; la hausse de l'emploi informel au sein des institutions publiques ; et l'absence de bonnes pratiques de RH dans la fonction publique.

Les gouvernements de la région MENA demeurent sous pression pour embaucher davantage de jeunes. Dans le sillage des soulèvements dans certains pays et territoires MENA, l'administration a connu une nouvelle poussée de l'emploi visant avant tout à apaiser les demandes de la population et à éviter qu'une situation économique déjà fragile ne se détériore du fait de la contraction de la demande publique. En Tunisie, l'Agence nationale pour l'emploi et le travail indépendant a recensé la création de 67 000 postes dans la fonction publique (OCDE, 2015). Comme le souligne l'OCDE dans son document « Lutter contre le chômage des jeunes dans la région MENA », cette stratégie est à bout de souffle et n'est plus tenable budgétairement. Pourtant, l'emploi public reste l'un des principaux débouchés et objectifs de carrière de nombreux jeunes, notamment pour les femmes. Dans la région MENA, la majorité de ces postes concernent l'éducation, la santé et d'autres programmes gouvernementaux comme les systèmes d'emploi publics.

L'analyse par la Banque mondiale de l'emploi urbain en Égypte, en Jordanie, au Maroc et au Yémen confirme la part importante de jeunes employés dans le secteur public ou dans le secteur privé informel. En Égypte, en Jordanie et au Yémen, les parts du secteur public dans l'emploi urbain sont très comparables et en hausse constante : si elle est proche de zéro chez les jeunes de moins de 20 ans, elle ressort autour de 20 % pour les travailleurs atteignant 25 ans (Angel-Urdinola et Tanabe, 2012). Dans les quatre pays cependant, la part du secteur privé informel dans l'emploi des jeunes de 15 à 29 ans est largement supérieure à toutes les autres formes d'emploi (public, privé formel et indépendant).

La pénurie manifeste d'emplois formels dans le secteur privé est l'une des principales raisons de l'engouement des jeunes diplômés pour les emplois du secteur public. En moyenne, le secteur public propose des salaires supérieurs, une meilleure protection et un statut spécial, notamment dans les entreprises d'État (O'Sullivan et al., 2013). Il n'est donc pas surprenant que la région MENA détienne le record mondial de la masse salariale de l'administration centrale (en pourcentage du PIB), même en tenant compte de l'importance relativement forte de l'emploi public dans la région (Ahmed et al., 2012). Étant donné l'attractivité des emplois dans le secteur public, le fait d'attendre qu'un poste se libère est un phénomène généralisé. Interrogés pour une étude récente de l'OCDE (2015), les jeunes Tunisiens de 15 à 29 ans étaient plus de 65 % à affirmer préférer travailler pour le secteur public/le gouvernement, contre seulement 22 % dans le secteur privé et 10 % en tant qu'indépendants – une répartition que l'on retrouve chez les jeunes Égyptiens (tableau 5.1).

Tableau 5.1. **Jeunes Égyptiens sans emploi, par type d'employeur recherché, sexe et lieu de résidence, 2014**

En %

Emploi recherché	Total	Hommes	Femmes	Urbains	Ruraux
Travailler pour son compte (entreprise ou exploitation agricole en nom propre)	0.8	1.7	0.4	1.1	0.6
Travailler pour le gouvernement/secteur public	80.5	66.7	86.8	72.8	87.9
Travailler pour une entreprise privée	17.4	30.3	11.6	23.6	11.5
Travailler pour une organisation internationale	1.1	0.6	1.2	2.2	0.0
Travailler pour une entreprise/exploitation agricole familiale	0.2	0.6	0.0	0.4	0.0
Total	100.0	100.0	100.0	100.0	100.0

Source : Barsoum, G., M. Ramadan et M. Mostafa (2014), « Labour market transitions of young women and men in Egypt », *Work4Youth Publication Series*, n°16, juin, OIT, Genève.

Alors que le secteur public reste le choix privilégié pour les jeunes diplômés de la région MENA en recherche d'emploi, l'informalité *au sein* du secteur public est en hausse. Les données de la Banque mondiale relèvent une part de 11 % en Égypte, 12 % au Yémen, 18 % au Maroc et 31 % en Jordanie (Angel-Urdinola et Tanabe, 2012). Les caractéristiques générales de cette informalité suggèrent que la disposition à accepter des contrats de court terme faute de postes permanents est plus forte chez les jeunes, même si l'on ne dispose pas de données ventilées par âge. En Égypte, les enseignants peuvent même être recrutés sur une base journalière. Ces travailleurs peuvent avoir l'espoir qu'un contrat de court terme leur facilitera l'accès à un emploi permanent, mais c'est un pari très incertain. Les jeunes employés de manière informelle n'ont pas de protection sociale, ne relèvent pas du code du travail et ne bénéficient pas des mesures de protection sur le lieu de travail, sans parler du fait qu'ils sont davantage exposés aux pratiques abusives (Wally, 2012).

Pour les jeunes diplômés, un autre obstacle à franchir tient à l'absence de bonnes pratiques de GRH dans le secteur public. La planification des effectifs reste très embryonnaire dans les pays et territoires MENA, de sorte que les décisions de recrutement et de salaires restent à la discrétion des individus, au lieu d'être fonction de l'évolution du marché du travail et de critères de performance. Comme le montre le graphique 5.2, les relations personnelles jouent le premier rôle dans les recrutements en Égypte et en Tunisie (secteur public et secteur privé confondus), plus que les considérations de service public.

Graphique 5.2. **Sources de l'assistance à la recherche d'emploi citées par les jeunes qui ont trouvé un emploi, Égypte et Tunisie, 2014**

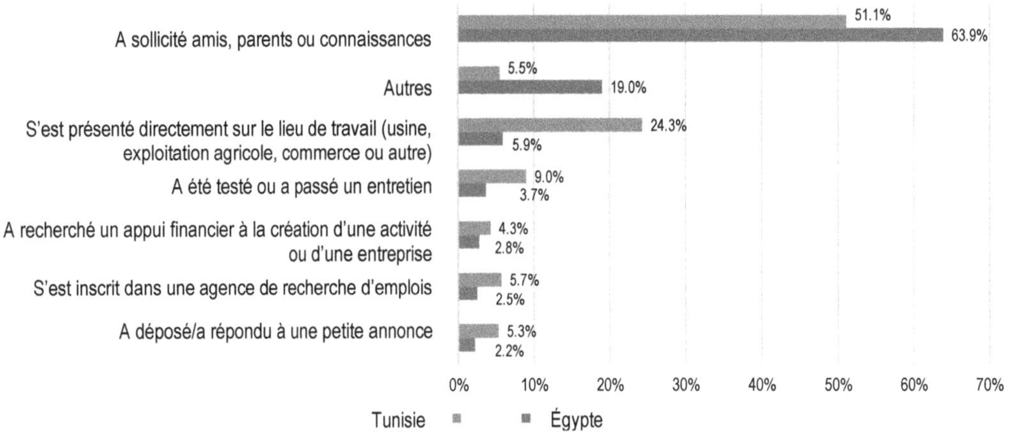

Note : Certaines catégories ont été fusionnées à des fins de clarté et de cohérence.

Source : Barsoum, G., M. Ramadan et M. Mostafa (2014), « Labour market transitions of young women and men in Egypt », *Work4Youth Publication Series*, n° 16, juin, OIT, Genève ; Observatoire national de l'emploi et des qualifications (2014), « Transition vers le marché du travail des jeunes femmes et hommes en Tunisie », *Work4Youth Publication Series*, n° 15, juin, OIT, Genève.

L'introduction de processus plus normalisés en fonction du mérite pourrait inciter notamment les jeunes femmes à poser leur candidature pour des postes à responsabilité, sachant qu'elles peuvent avoir plus de mal à progresser dans un environnement où ces fonctions sont en général réservées aux hommes et attribuées sur la base des relations personnelles (OCDE/CAWTAR, 2014).

Recommandations

Les gouvernements des pays et territoires MENA peuvent développer les perspectives d'emploi à long terme pour les jeunes dans le secteur public, en actionnant les leviers suivants :

1. **Renforcer les procédures de recrutement et de promotion normalisées sur la base du mérite** afin de recruter des jeunes diplômés ayant les compétences et les aptitudes recherchées et encourager les femmes à poser leur candidature pour des postes à responsabilité dans le secteur public.
2. **Surveiller les pratiques comme le recrutement par contrat dans le secteur public** pour éviter les abus. L'expérience montre que les contrats à durée déterminée offrent la flexibilité nécessaire face à des attentes personnelles variables, mais donnent également lieu à des pratiques de RH abusives, comme le refus d'attribuer certains avantages, et qui peuvent toucher de manière disproportionnée les jeunes n'ayant que peu d'expérience professionnelle.
3. **Introduire des systèmes de placement dans les écoles** en commençant dès le secondaire, pour aider les élèves qui entrent sur le marché du travail. Des systèmes de « la seconde chance » sont indispensables pour aider les jeunes travailleurs à poursuivre leur éducation sur une base plus souple.

4. **Revitaliser les programmes de perfectionnement et de formation du personnel dans le secteur public.** Cela permettrait aux pays et territoires MENA d'anticiper les renouvellements de personnel dans les postes intermédiaires et supérieurs, en préparant les jeunes cadres à remplacer ceux qui partent à la retraite. Pour la plupart sous-financés pendant des années, ces programmes auraient tout à gagner d'un enrichissement analytique et politique des contenus qui permettrait de mieux adapter la formation aux responsabilités à assumer et d'impliquer le secteur privé.

5. **Améliorer la planification et la gestion des ressources humaines** afin d'aider les gouvernements à identifier les futurs besoins en termes de qualifications pour lesquels les jeunes ont un avantage comparatif, comme la gestion des TIC, et à étendre les programmes de perfectionnement destinés aux jeunes cadres à fort potentiel.

Politique réglementaire : renforcer la qualité de la réglementation au service d'une élaboration des politiques publiques et de la création d'emplois inclusives

Prendre en compte la vision des jeunes dans la politique réglementaire

Selon la *Recommandation du Conseil de l'OCDE concernant la politique et la gouvernance réglementaires* de 2012, la politique réglementaire « définit la démarche par laquelle les autorités, lorsqu'elles ont cerné un objectif, décident de l'opportunité d'utiliser la réglementation comme instrument d'action, et procèdent à l'élaboration et à l'adoption d'un texte suivant une décision prise sur la base d'observations factuelles » (OCDE, 2012). La politique réglementaire est intégrée dans un cadre plus large qui inclut les politiques, systèmes, processus, outils, acteurs, institutions et capacités fondamentaux du gouvernement (OCDE, 2013b).

En adhérant au Partenariat pour le gouvernement ouvert, la Jordanie et la Tunisie se sont engagées à appliquer une politique réglementaire dans le but de renforcer l'ouverture, la transparence, la participation des citoyens et la responsabilité. L'Autorité palestinienne a fait de l'adhésion au PGO un objectif stratégique un levier pour édifier des institutions publiques. Le Maroc s'emploie à satisfaire les critères d'éligibilité. Récemment, les pays de l'OCDE comme les pays et territoires MENA ont découvert le potentiel des plans d'action PGO pour défendre la cause des jeunes. Ainsi, le plan d'action de la Finlande pour un gouvernement ouvert (2015-17) fait de la participation accrue des enfants et des jeunes un thème transversal et énonce des engagements concrets pour améliorer les capacités de ces citoyens à infléchir les décisions qui les concernent. Il peut s'agir par exemple d'apporter des conseils aux agents gouvernementaux et municipaux sur la manière de collaborer avec les différents groupes d'âge (Partenariat pour le gouvernement ouvert, 2015).

Évaluer l'impact de la réglementation sur la jeunesse

Toute réglementation s'accompagne de coûts et d'avantages qui peuvent être répartis entre les différents segments de la société selon des proportions très variables. Une évaluation de l'impact des législations anciennes ou nouvelles sur les groupes vulnérables – les jeunes notamment – permettrait aux gouvernements d'anticiper les effets distributifs de la politique réglementaire et, au besoin, de procéder à des ajustements. En intégrant la vision de la jeunesse dans les évaluations *ex ante* (à l'occasion par exemple d'analyses d'impact de la réglementation – AIR) et *ex post*, les gouvernements peuvent apprécier les effets de la réglementation sur le bien-être des jeunes et éviter ainsi de créer un fardeau supplémentaire pour ce groupe d'âge. Mais les pays et territoires MENA ne recourent pas systématiquement à ce type d'analyses AIR, comme le constate une analyse de 2013 de l'OCDE sur la réforme réglementaire au Moyen-Orient et en Afrique du Nord, qui évalue l'environnement réglementaire dans la région au regard de la *Charte régionale pour la qualité de la réglementation* de 2009 et de la *Recommandation du Conseil de l'OCDE concernant la politique et la gouvernance réglementaires* de 2012.

La *Boîte à outils pour une meilleure réglementation* mise au point par la Commission européenne propose aux décideurs de s'interroger sur trois questions fondamentales au moment d'évaluer l'impact d'une nouvelle réglementation sur la jeunesse (encadré 5.7).

Encadré 5.7. **La boîte à outils de la Commission européenne pour une meilleure réglementation**

Composée de huit grands chapitres, la « mallette » propose 59 outils. L'outil 26 recense une série de questions à l'intention des décideurs pour leur permettre d'évaluer l'impact des nouvelles réglementations sur la jeunesse :

- **La réglementation a-t-elle un impact sur la cohésion sociale et l'intégration des jeunes ?** Les jeunes constituant un groupe particulièrement exposé à certaines mesures et souvent menacé par un risque d'exclusion et de non-intégration socioéconomique, une analyse de l'impact de cette réglementation sur ce groupe est indispensable pour éviter tout effet négatif. Le bien-être et la possibilité de prendre part à la vie démocratique, y compris dans des programmes et des activités transfrontaliers, doivent également être pris en compte.
- **La réglementation a-t-elle un impact sur les possibilités d'apprentissage offertes aux jeunes ?** Les jeunes étant un maillon central des activités éducatives et l'éducation jouant un rôle clé dans le développement de ce groupe d'âge, il convient d'identifier ces perspectives et les éventuels impacts. Ces retombées possibles pourront ensuite être analysées en procédant à l'examen prévu à la section consacrée aux impacts éducatifs sur les jeunes.
- **La réglementation a-t-elle un impact sur le marché du travail et la transition entre le milieu scolaire et les performances professionnelles des jeunes ?** Ici, différents aspects doivent être envisagés, comme les effets sur la mobilisation des jeunes en termes d'emploi ou de travail indépendant, les délais entre la fin du parcours scolaire et l'obtention d'un premier emploi, la transition entre les stages et le contrat de travail ou les impacts sur les jeunes qui ne sont ni au travail, ni à l'école, ni en formation.

Source : Commission européenne (2015), « Better Regulation Toolbox », http://ec.europa.eu/smart- regulation/guidelines/docs/br_toolbox_en.pdf (consulté le 12 avril 2016).

La politique réglementaire fixe le cadre juridique régissant le fonctionnement des entreprises et l'action des citoyens. Des cadres réglementaires solides créent la certitude juridique dont ont besoin les entreprises privées pour faire des affaires tandis que des contraintes administratives lourdes dissuadent les jeunes de se lancer dans une activité économique et contrarient la création d'emplois pour les jeunes diplômés. *L'indice de la facilité de faire des affaires* de la Banque mondiale analyse la facilité de création et de gestion d'une entreprise nationale en fonction du cadre réglementaire en vigueur. Le tableau 5.2 compare les performances des pays et territoires MENA couverts par ce rapport.

Tableau 5.2. **Mesurer la réglementation des affaires : la facilité de faire des affaires dans une sélection de pays et territoires MENA, 2014**

Pays	Rang	Dans les 50 premiers	Dans les 50 derniers
Tunisie	60	Raccordement à l'électricité, commerce transfrontalier	-
Maroc	71	Commerce transfrontalier	-
Égypte	112	-	Obtention des permis de construire, paiement des taxes et impôts, faire exécution des contrats
Jordanie	117	Raccordement à l'électricité, paiement des taxes et impôts	Obtention de prêts, protection des investisseurs minoritaires, règlement de l'insolvabilité
Yémen	137	Transfert de propriété	Création d'entreprise, obtention de prêts, protection des investisseurs minoritaires, règlement de l'insolvabilité
Cisjordanie et bande de Gaza	143	-	Création d'entreprise, obtention des permis de construire, protection des investisseurs minoritaires, règlement de l'insolvabilité
Libye	188	-	Création d'entreprise, obtention des permis de construire, transfert de propriété, obtention des prêts, protection des investisseurs minoritaires, paiement des taxes et impôts, commerce transfrontalier, règlement de l'insolvabilité

Note : Les pays sont classés de 1 à 189, en fonction de la facilité de faire des affaires. Plus le rang de classement est élevé, plus l'environnement réglementaire est propice à la création et au fonctionnement d'une entreprise nationale. L'indice comprend dix catégories. Les critères « Dans les 50 premiers/derniers » ont été ajoutés par les auteurs du rapport pour mettre en avant les catégories où les pays et territoires MENA sont les mieux ou les moins bien classés.

Source : Banque mondiale (2014), *Economy Rankings database*, Doing Business - Measuring Business Regulations, www.doingbusiness.org/rankings.

Des recherches récentes confirment que la levée des obstacles réglementaires est corrélée à une hausse de la création d'emplois. L'analyse de longues périodes de forte création d'emplois met en évidence le lien étroit avec une bonne gouvernance. Le recul rapide, significatif et durable du chômage résulte du renforcement de l'efficacité du gouvernement, parallèlement au contrôle de la corruption, du respect de l'État de droit et la stabilité politique mais également de l'amélioration de la qualité de la réglementation – qui se traduit par le raccourcissement des délais d'exécution des contrats, de réalisation d'une transaction à l'importation ou à l'exportation et de création d'une entreprise (Freund et Rijkers, 2012).

Recommandations

Avec l'adoption de la *Charte régionale pour la qualité de la réglementation* de 2009 et conformément à la *Recommandation du Conseil de l'OCDE concernant la politique et la gouvernance réglementaires* de 2012, les pays et territoires MENA pourraient évoluer vers une approche de la politique réglementaire plus inclusive et sensible aux jeunes, en actionnant les leviers suivants :

1. **Intégrer les principes du gouvernement ouvert et inclusif dans le fonctionnement de l'ensemble de l'administration publique** afin de favoriser l'inclusion plus systématique des jeunes dans l'élaboration des politiques publiques et les consultations de la population. Dans la lignée de pratiques

introduites récemment par certains pays de l'OCDE, les pays membres du PGO peuvent favoriser la mobilisation des jeunes à travers des engagements concrets énoncés dans leurs plans d'action – des documents établis avec les apports des agents publics et de la société civile (associations de jeunesse par exemple).

2. **Introduire progressivement des analyses d'impact réglementaire et des analyses coûts/bénéfices**. Bien que les analyses AIR ne soient pas systématiquement utilisées dans les pays et territoires MENA, toute nouvelle réglementation susceptible d'avoir d'importants effets distributifs doit être examinée afin d'anticiper ses coûts et bénéfices pour les différents pans de la société, y compris les jeunes et les sous-groupes concernés (hommes/femmes, urbains/ruraux, etc.).
3. **Passer en revue la législation existante** de manière à éliminer les dispositions redondantes et inefficaces, alléger le fardeau administratif et créer un environnement économique propice à l'activité des entreprises, l'entrepreneuriat des jeunes et la création d'emplois.

Gouvernance locale : promouvoir l'implication des jeunes à tous les niveaux de gouvernement

L'échelon local est le niveau auquel les jeunes interagissent le plus régulièrement avec les autorités et les institutions publiques, utilisent les services publics et participent au développement de la société à travers le bénévolat. L'insatisfaction vis-à-vis des services publics à l'échelon local a été l'un des facteurs à l'origine des manifestations de masse des jeunes dans certaines villes de la région MENA en 2011. Elles ont commencé par cibler les municipalités, qui représentent l'autorité publique la plus proche pour la fourniture des services essentiels, avant d'atteindre ensuite les capitales. La spécificité des contextes et des défis socioéconomiques auxquels sont confrontés les jeunes selon qu'ils vivent dans une grande ville, dans une aire métropolitaine ou en milieu rural appelle à adopter des approches sur mesure pour contrecarrer l'apathie politique ou le sentiment de frustration, notamment chez les jeunes vivant dans des régions défavorisées.

La décentralisation, une solution pour favoriser la mobilisation des jeunes et se doter de politiques de la jeunesse sur mesure

Les pays et territoires MENA étudiés dans ce rapport se caractérisent par une longue tradition de centralisation, où la capitale jouit d'un fort pouvoir discrétionnaire en matière de collecte et de gestion des ressources publiques. Cette forme d'organisation interdit à de nombreuses régions isolées et à leurs habitants d'accéder sur un pied d'égalité à l'aide du gouvernement et à des services essentiels. Par le passé, les politiques de la jeunesse étaient formulées dans les capitales, sans que les niveaux infranationaux (agents publics et société civile) ne soient toujours associés. Depuis quelques années toutefois, des voix se font entendre dans certains des pays et territoires MENA étudiés pour introduire des cadres de gouvernance plus décentralisés. Le transfert progressif des compétences aux autorités locales pourrait redéfinir la manière dont les politiques de la jeunesse sont conçues et mises en œuvre. La nouvelle Constitution égyptienne prévoit ainsi une plus grande autonomie pour les administrations locales, qui étaient jusqu'alors de simples branches du gouvernement national. En Tunisie, la Constitution de 2014 dispose que les collectivités locales ont une personnalité juridique propre, jouissent de l'autonomie administrative et financière et gèrent à ce titre les affaires locales conformément aux principes de la libre administration. La Constitution du Maroc de 2011 fait explicitement référence à l'organisation décentralisée de l'État. En Jordanie, les paramètres de la réforme de la décentralisation sont définis dans la loi sur les municipalités et la loi de décentralisation votées par le parlement en 2015.

À l'heure actuelle cependant, les gouvernements centraux ont toujours un vaste pouvoir discrétionnaire à l'échelon infranational, à travers les ministères de tutelle. Les autorités locales n'ont pas les capacités institutionnelles requises pour concevoir des programmes et, faute d'autonomie budgétaire, dépendent fortement des transferts et des subventions (Bergh, 2014). Là où la décentralisation a progressé, de nombreux services importants pour les jeunes restent sous le contrôle de l'administration centrale, qui les gère. Les écoles locales par exemple sont encore sous l'autorité des ministères nationaux de l'Éducation, même si certains pays comme l'Égypte ont introduit des comités consultatifs locaux qui permettent aux parents et aux employeurs locaux d'exercer une légère influence sur les conditions de scolarisation – mais ils n'ont pas les moyens de peser sur les cursus scolaires et ne sont pas autonomes. Tout l'enjeu est de savoir si la dynamique actuelle de décentralisation débouchera sur un mode plus inclusif d'élaboration des politiques et l'octroi d'un plus grand pouvoir décisionnel aux acteurs locaux au moment d'identifier les priorités politiques et de les mettre en œuvre.

Dans un environnement décentralisé, les parties prenantes locales d'un territoire donné doivent pouvoir participer à l'identification des priorités politiques en vue d'informer les politiques nationales de la jeunesse et les stratégies de développement. Ensuite, pour assurer une mise en œuvre efficace des programmes destinés aux jeunes sur le terrain, les autorités et les institutions locales doivent disposer de moyens humains, techniques et financiers adaptés. La dépendance mutuelle des différents échelons de gouvernement pour concevoir et déployer une politique de la jeunesse souligne bien l'importance de mécanismes de coordination verticale, à l'instar de possibilités d'échange avec des agents publics et des représentants de la jeunesse à tous les niveaux.

Mobiliser les jeunes sur fond d'urbanisation rapide et d'abandon des zones isolées

L'urbanisation rapide fait également partie des tendances communes à la plupart des pays et territoires MENA étudiés. En Jordanie, la part de la population urbaine est supérieure à la moyenne des pays de l'OCDE. En Égypte et au Yémen, cette part est nettement plus faible mais, dans les deux cas, la population urbaine est très fortement concentrée dans la ville principale. En 2014, la ville du Caire abritait plus de la moitié de la population urbaine totale d'Égypte tandis que la ville de Sanaa accueillait environ un tiers de tous les Yéménites vivant en ville (graphique 5.3).

Graphique 5.3. **Part de la population urbaine et de la population vivant dans la ville principale en pourcentage de la population urbaine dans une sélection de pays et territoires MENA, et moyenne OCDE, 2014**

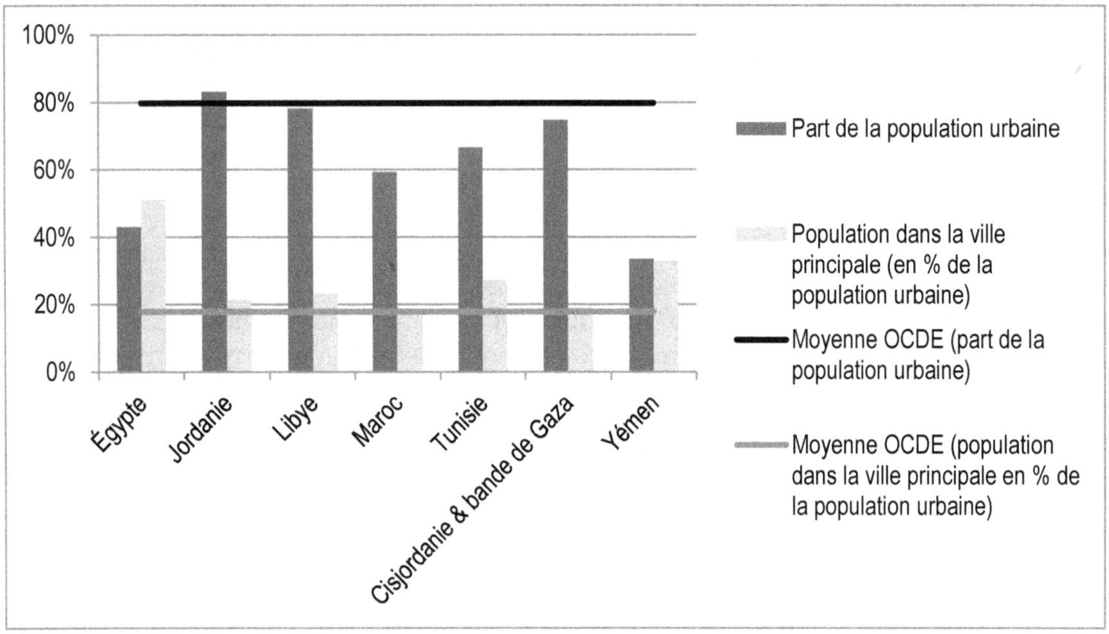

Note : Les donnés de l'OCDE correspondent à une moyenne non pondérée.

Sources : Calculs de l'OCDE sur la base de données de la Banque mondiale (s. d., c et d), « Population de la ville la plus peuplée (% de population urbaine) », http://donnees.banquemondiale.org/indicateur/en.urb.lcty.ur.zs et « Population urbaine (% du total) », http://donnees.banquemondiale.org/indicateur/sp.urb.totl.in.zs ; Nations Unies, World Urbanization Prospects (consulté le 10 avril 2016).

L'attractivité des villes et des aires métropolitaines pèse lourdement sur les décideurs nationaux et les responsables municipaux lorsqu'il s'agit, par exemple, de gérer les embouteillages récurrents, la dégradation de l'environnement ou la pénurie de logements adaptés, de services d'éducation et d'emplois. Le graphique 5.4 montre qu'en 1950, 3,5 millions de personnes seulement vivaient dans les villes de la région MENA de plus d'un million d'habitants, contre 80 millions aujourd'hui – un chiffre qui devrait frôler les 100 millions dans les dix années à venir.

Graphique 5.4. **Population totale dans les villes arabes de plus d'un million d'habitants, 1950-2025**

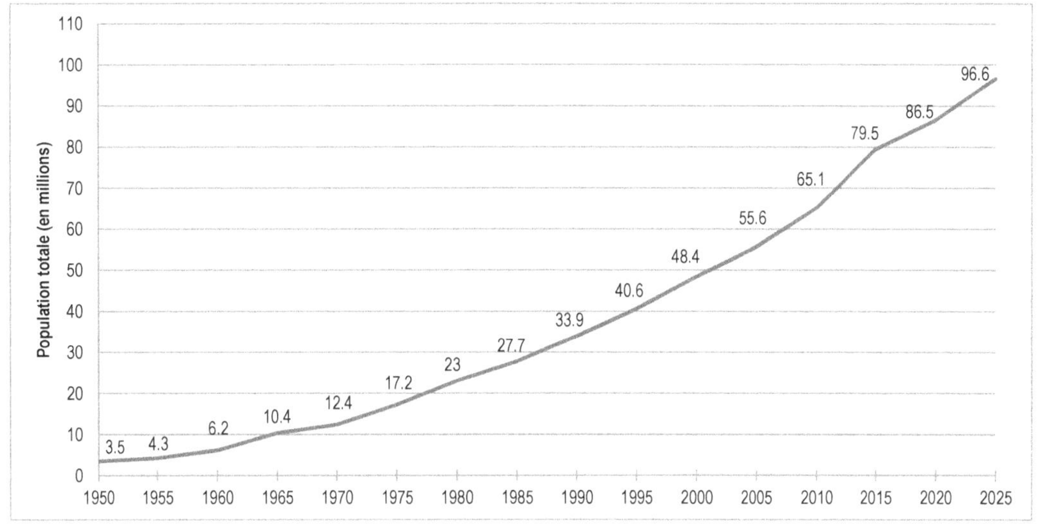

Source : ONU Habitat (2012), *The State of Arab Cities 2012 – Challenges of Urban Transition,* Regional Cities Reports, http://unhabitat.org/books/the-state-of-arab-cities-2012-challenges-of-urban-transition/ (consulté le 2 avril 2016).

Dans les zones rurales, l'État manque de capacités institutionnelles pour organiser des services adaptés aux jeunes. Bien que les niveaux de pauvreté y soient supérieurs à ceux des zones urbaines, il s'agit là d'un impératif pour réussir la traduction à grande échelle de modèles efficaces de programmation. Les sociétés rurales tendent, dans les pays et territoires MENA comme ailleurs, à être plus conservatrices quant aux rôles joués par les jeunes dans la société, en particulier pour les jeunes femmes, et offrent donc peu de solutions pour les inciter à participer à la vie publique ou à la fourniture de services. Enfin, les disparités territoriales sont un problème récurrent dans les pays et territoires MENA couverts par ce rapport et constituent un obstacle formidable pour les jeunes originaires des régions défavorisées.

Les jeunes sont particulièrement exposés aux carences actuelles, mais rares sont les canaux formels ou informels par lesquels ils peuvent faire connaître leurs idées. L'absence plus générale de mécanismes participatifs au niveau infranational l'explique, qui prive des acteurs de la société mal organisés de moyens de s'exprimer dans le processus décisionnel local. Faute d'institutions et de procédures inclusives, les institutions exclusives tendent à conforter la position des groupes déjà dominants dans la société. Le renforcement progressif des compétences des institutions locales dans certains pays et territoires étudiés alimente une dynamique en faveur des réformes institutionnelles et de l'ouverture d'un espace pour une implication plus structurée et systématique des jeunes.

Les pays membres de l'OCDE se sont lancés dans ce processus depuis plusieurs années, quoique à des degrés divers. La Finlande est l'un des plus progressistes à cet égard. Depuis 2006, la loi sur la jeunesse du pays stipule que « les jeunes gens doivent avoir la possibilité de participer au traitement des questions ayant trait aux travaux et aux politiques de la jeunesse au niveau local et régional. Les jeunes gens doivent en outre être entendus lorsque ces questions sont débattues » (Schauer et Klinzing, 2012). Le fait d'inscrire dans la loi la participation obligatoire des jeunes fait écho à une recommandation du Conseil de l'Europe, qui affirme que la « participation active des jeunes gens aux décisions et actions aux niveaux local et régional est indispensable si nous voulons construire des sociétés plus démocratiques, inclusives et prospères » (Conseil de l'Europe, 2013).

Stratégies visant à impliquer les jeunes au niveau local

L'implication des jeunes à l'échelle locale peut prendre des formes très variées, sachant que l'espace concrètement accordé aux jeunes pour exprimer leurs centres d'intérêt et se faire entendre des autorités locales dépendra de la maturité des cadres locaux de gouvernance mais aussi de la structure organisationnelle de chaque pays et territoire. Pour commencer, les gouvernements de la région MENA pourraient ouvrir les auditions publiques et les réunions de consultation mais également inciter les jeunes à y participer. Les initiatives qui rassemblent les jeunes et les représentants locaux, par exemple celles organisées par l'association tunisienne I Watch, doivent être étendues et s'institutionnaliser pour éviter de donner l'impression que ce sont des événements purement symboliques. I Watch a organisé des tables rondes dans diverses municipalités, rassemblant à cette occasion des jeunes et des représentants locaux pour sensibiliser à l'instauration de mécanismes de participation des jeunes au processus décisionnel local et les mobiliser en vue des élections municipales. Une approche gouvernementale prometteuse dans ce domaine a été lancée par l'Observatoire national de la jeunesse au sein du ministère de la Jeunesse et des sports de Tunisie, sous le nom « *Agora – Débat de la ville* » (encadré 5.8).

Encadré 5.8. **Renforcer les bases du dialogue entre les jeunes et les autorités locales**

Le projet tunisien *Agora – Débat de la ville* vise à renforcer l'expression démocratique des jeunes dans un contexte où n'existent ni espaces de communication ni dialogue permanent entre les jeunes et les autorités locales.

Les jeunes des périphéries des villes, les membres des organisations de la jeunesse et les maisons de jeunes sont les cibles du projet. Divers acteurs sociaux sont associés, notamment les responsables des structures de la jeunesse et des sports, les maisons des jeunes municipales, le Centre arabe pour la formation et l'étude des médias et le British Council.

Partant du constat que peu d'espaces publics permettent aux jeunes de discuter de politique et de l'avenir de leurs quartiers avec les autorités locales, le projet s'est centré sur trois enjeux prioritaires :

- **création de radios communautaires sur le web :** il s'agit de créer un espace de diffusion d'informations qui intéressent les jeunes et de débat entre les jeunes et les autorités locales ;
- **formation de 150 jeunes responsables actifs dans leurs communautés :** le but est de former d'autres jeunes à la communication, à la participation à la vie publique, à une citoyenneté active et à la démocratie locale ;
- **organisation de débats municipaux :** il s'agit d'initier un dialogue entre les jeunes de certains districts, et entre les jeunes et les autorités publiques au sein des maisons de jeunes.

Source : Observatoire national de la jeunesse (2016), « Projet AGORA débat de la ville », www.onj.nat.tn/index.php/fr/projets/projet-agora-debat-de-la-ville (consulté le 1er avril 2016).

Ce projet constitue un exemple encourageant pour renforcer la voix des jeunes et leurs capacités à interagir de manière plus régulière avec les autorités locales. Une autre option pourrait consister à les consulter directement à travers les conseils municipaux et régionaux ou à créer des conseils locaux de la jeunesse. Les médias comme les organisations de la société civile ont un rôle décisif à jouer dans l'ouverture d'espaces de dialogue et le renforcement des messages que les jeunes veulent véhiculer auprès des autorités locales.

Au Maroc, la nouvelle Constitution de 2011 exige des décideurs qu'ils prennent en compte les préoccupations des jeunes au moment de formuler les plans de développement et d'organiser la délivrance des programmes dans les collectivités locales (chapitre 3). Des conseils locaux de la jeunesse ont apparemment vu le jour avec le soutien de bailleurs de fonds internationaux dans des villes comme El Jadida, Assilah, Salé et Fès mais, à l'échelle nationale, leur couverture reste très limitée (Rabbaa, 2015). Pour qu'ils puissent faciliter le dialogue entre les jeunes et les autorités locales, ils doivent pouvoir s'appuyer sur un cadre juridique définissant leurs droits et leurs responsabilités ainsi que les mécanismes de dialogue.

Mobiliser les jeunes à l'échelon local : les bonnes pratiques

Les avantages découlant d'une expression renforcée des jeunes dans le processus décisionnel et la fourniture de services publics au niveau local sont relativement évidents. Premièrement, les jeunes sont de gros usagers des services publics qui ont une incidence sur la vie locale, qu'il s'agisse des infrastructures de base (eau et assainissement, collecte et traitement des déchets, transport, énergie, etc.), des services sociaux (éducation, santé, logement, prise en charge des personnes âgées et des jeunes enfants) ou des services liés à la qualité de vie (sécurité publique, urbanisme, culture et loisirs, sports, espaces publics) (United Cities and Local Governments, 2013). Faute de jeunes ou de représentants qui défendent leurs points de vue, les rares moyens disponibles risquent d'être alloués à d'autres postes. Ensuite, les jeunes peuvent s'impliquer plus aisément que cela n'est habituellement le cas dans des administrations nationales vastes et complexes. Dans la continuité des arguments présentés au chapitre 4, l'implication des jeunes dans les consultations et processus participatifs locaux ouvre des pistes permettant aux jeunes hommes et femmes de mieux comprendre les processus administratifs, d'apprendre à plaider leur cause et d'élargir leur réseau de relations. Une implication plus systématique peut accroître la légitimité globale du processus décisionnel et contribuer fortement à renforcer la confiance entre les décideurs et les jeunes citoyens.

Il faut noter toutefois qu'un projet emmené par une élite et qui ne serait destiné qu'à des jeunes ayant fait de longues études risquerait de créer de nouveaux clivages. Dans le cas des jeunes femmes par exemple, confrontées à des obstacles supplémentaires, il sera nécessaire de supprimer ces freins à leur participation (chapitre 2) (Refstie, 2012). *L'Initiative Channel*, un outil en ligne créé en Finlande pour élargir la participation aux affaires locales est ainsi parvenu à mobiliser les jeunes (encadré 5.9).

Encadré 5.9. **La Finlande et l'*Initiative Channel* : comment les collectivités locales donnent aux jeunes la possibilité de s'exprimer en ligne**

Grâce à *l'Initiative Channel*, les collectivités locales de Finlande ont donné aux jeunes la possibilité de faire entendre leur voix sur le web et de contribuer au développement de leurs quartiers. Les jeunes peuvent y poster leurs idées qui seront ensuite soumises à un vote. Les plus appréciées d'entre elles peuvent se transformer en projet concret, avec le soutien des autorités locales.

Le service de la démocratie en ligne (e-démocratie) correspond aux objectifs stratégiques du Programme de développement d'une politique de l'enfance et de la jeunesse 2012-15 de la Finlande et à la section 8 de la loi sur la jeunesse, qui rend la participation des jeunes obligatoire.

En août 2015, le site web avait accueilli 245 000 visiteurs et reçu près de 15 000 commentaires. Il a dernièrement été remplacé par un nouveau service, baptisé *nuortenideat* (littéralement, « les idées des jeunes »).

Source : Nuortenideat (2016), www.nuortenideat.fi/fi ; Koordinatti Development Centre of Youth Information and Counselling (s. d.), www.koordinaatti.fi/sites/default/files/koordinaatti-and-initiative-channel.pdf (consulté le 10 avril 2016).

Encadré 5.10. **Capitale européenne de la jeunesse**

Chaque année, une ville se voit attribuer le titre de « Capitale européenne de la jeunesse » par le Forum européen de la jeunesse, une plateforme qui rassemble 99 conseils nationaux et organisations internationales de la jeunesse.

En devenant Capitale européenne de la jeunesse, une ville a l'opportunité de démontrer, à travers un programme diversifié, la richesse de sa vie culturelle, sociale, politique et économique en lien avec la jeunesse.

Pendant une année, la ville élue organise des événements et des projets voués à démontrer le rôle actif et crucial des jeunes et de leurs organisations dans la société – induisant ce faisant des changements profonds et durables sur le plan de la participation des jeunes à la vie de la cité.

Source : European Youth Capital, www.europeanyouthcapital.org/about/ (consulté le 12 avril 2016).

Recommandations

Les autorités des pays et territoires MENA pourraient favoriser l'implication de tous les jeunes aux différents échelons de gouvernement, en actionnant les leviers suivants :

1. **Fournir des canaux efficaces et permanents** pour permettre aux jeunes de tous les milieux socioéconomiques de participer à l'identification de leurs besoins et à exiger des comptes des autorités locales, à travers par exemple des conseils locaux de la jeunesse. Ces conseils auraient un véritable poids dans le processus décisionnel afin d'éviter que ces mesures ne soient ressenties comme purement symboliques.

2. **Créer des canaux de communication**, comme les radios communautaires ou de jeunes, qui offrent un espace d'interaction avec les autorités locales mais également un moyen d'obtenir des informations sur la vie locale et d'informer leurs amis et leurs camarades des possibilités de s'impliquer.

3. **Impliquer les jeunes aux différents échelons infranationaux afin de participer à l'identification des besoins en termes de services publics et s'assurer leur mise en œuvre et leur suivi**, à travers des incitations à se porter volontaires et à contribuer au développement de leur quartier.
4. **Associer les universités et les instituts techniques locaux**, qui sont un canal naturel pour impliquer concrètement les jeunes et les aider ainsi à acquérir des compétences professionnelles mais aussi à tisser des relations avec d'éventuels futurs employeurs.

L'égalité hommes-femmes : éliminer les obstacles structurels et culturels à l'égalité des chances

Les jeunes femmes de la région MENA se heurtent à des obstacles liés à leur sexe et à leur âge. Leur situation est donc souvent décrite comme un double défi, qui affecte toutes les dimensions de la participation à la vie politique, économique et sociale. Ainsi, l'écart entre les jeunes hommes et les jeunes femmes en termes d'emploi est supérieur à celui observé dans toutes les autres régions du monde (graphique 5.5). Si la participation économique des femmes dans les pays et territoires MENA est faible, il est encore plus difficile pour elles de trouver un emploi décent. Comme le montre le graphique 5.7, ce clivage est particulièrement profond en Égypte, en Libye et en Cisjordanie et dans la bande de Gaza, où entre la moitié et les deux tiers des jeunes femmes sont au chômage, contre 25 à 45 % de la population féminine totale. Au Maroc et en Tunisie, l'écart est bien moins marqué mais toujours frappant.

Ces constats interviennent alors que des progrès ont été accomplis sur le plan de l'égalité d'accès à l'éducation pour les femmes. Aujourd'hui, l'écart de niveau d'alphabétisation entre les jeunes hommes et femmes est nettement moins profond que pour les générations précédentes ; et dans certains pays et territoires MENA, comme en Cisjordanie et dans la bande de Gaza, les femmes sont plus nombreuses que les hommes dans l'enseignement supérieur. Mais les obstacles juridiques et réglementaires, institutionnels et politiques – sans parler de la permanence des stéréotypes traditionnels quant à la place des femmes dans la société – continuent de défavoriser les jeunes femmes au moment de la recherche d'emploi, après leurs études.

Le *Rapport de l'OCDE sur les femmes dans la vie publique dans les pays et territoires MENA* (OCDE/CAWTAR, 2014) établit que cette inégalité au niveau de l'emploi n'est que l'un des obstacles qui empêchent les femmes de prendre part à la vie économique, sociale et publique dans les mêmes conditions que les hommes.

Graphique 5.5. **Chômage des jeunes, par région et par sexe, 2004-12**

Moyenne (%)

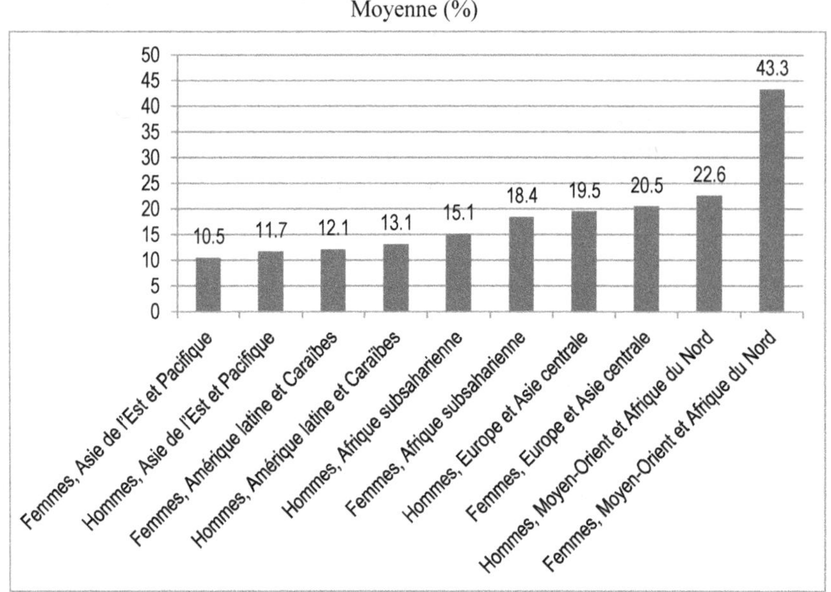

Source : Estimation modélisée OIT, données WDI.

Graphique 5.6. **Taux de chômage des hommes et des femmes dans une sélection de pays et territoires MENA, population totale en âge de travailler et jeunes, 2014 (ou dernière année disponible)**

%

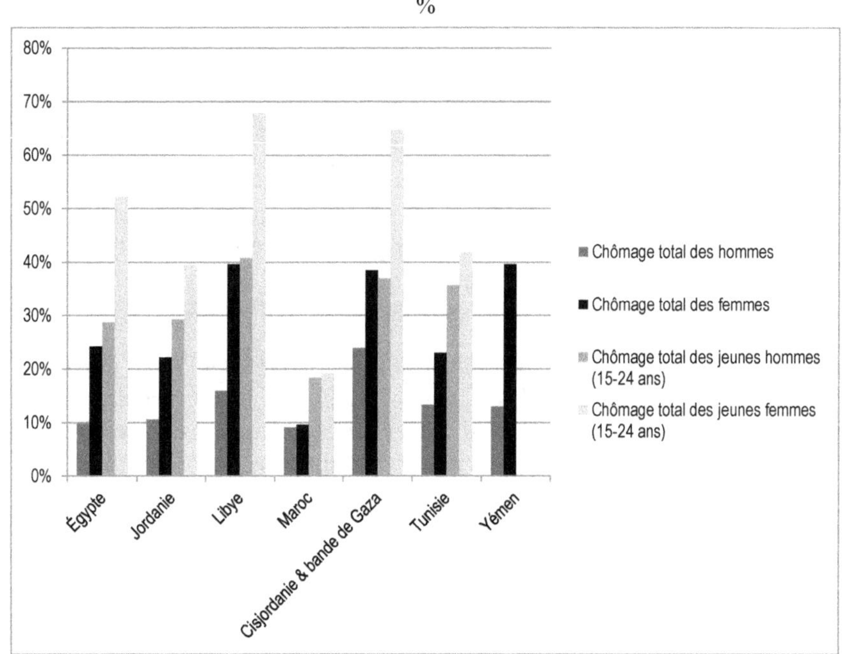

Note : Dernières données disponibles pour chaque pays. Tunisie (total : 2013, jeunes : 2012) ; Maroc (total : 2013, jeunes : 2012) ; Jordanie (2013) ; Égypte (2013) ; Yémen (2004) ; Cisjordanie et bande de Gaza (total : 2014, jeunes : 2013) ; Libye (2012). Pour la Jordanie, les données ventilées concernent les 15-19 ans (hommes : 34,4%, femmes : 22,8%) et les 20-24 ans (hommes : 24,1%, femmes : 56,2%). Les données correspondent à une moyenne non pondérée. Aucune donnée sur les jeunes n'est disponible dans le cas du Yémen.

Source : Calculs de l'OCDE sur la base des données de la Banque mondiale (s. d.), « Chômage, femmes (% de la population active féminine) » ; « Chômage, hommes (% de la population active masculine) ; « Chômage, jeunes femmes (% de la population active âgée de 15 à 24 ans)» ; « Chômage, jeunes hommes (% de la population active âgée de 15 à 24 ans) » (estimations modélisées de l'OIT), http://donnees.banquemondiale.org/indicateur/.

Tandis que le droit des femmes à participer à la vie politique est ancré, comme celui des hommes, dans les constitutions du Maroc, de la Cisjordanie et de la bande de Gaza et du Yémen, la représentation globale des femmes dans les organes consultatifs et les parlements dans ces pays et territoires reste faible. Au Yémen, la part de femmes députés ne dépasse pas 1 % de sièges, le quota qui leur est alloué. De fait, seule la Tunisie affiche des niveaux proches de la moyenne de l'OCDE (autour de 30 %). Le système judiciaire est également caractérisé par une nette sous-représentation des femmes. Jusqu'ici, l'engagement des (jeunes) femmes dans la vie publique se concrétise surtout en dehors des institutions publiques, par exemple dans les organisations de la société civile.

Les obstacles à l'autodétermination économique des jeunes femmes

Les données rassemblées par l'OCDE (OCDE/CAWTAR, 2014) suggèrent que les cadres de gouvernance et les rôles traditionnels assignés aux femmes dans la société contribuent les uns et les autres à maintenir un environnement dans lequel les jeunes femmes ont beaucoup plus de mal à accéder aux mêmes opportunités que les hommes. Malgré des efforts récents pour éliminer les discriminations juridiques dans les cadres réglementaires des pays et territoires MENA, les dispositions inégalitaires restent en place. La discrimination peut prendre de multiples formes, souvent de manière insidieuse, comme avec une réglementation du travail incitant les employeurs à embaucher plutôt des hommes que des femmes. L'absence de solutions pour concilier vie professionnelle et vie de famille et les inégalités salariales pour un même emploi – une pratique qui a encore cours dans la plupart des pays de l'OCDE – peuvent créer des entraves supplémentaires.

Le tableau 5.3 analyse des réglementations du travail pouvant avoir un effet contraire sur les (jeunes) femmes. Il montre l'importance d'examiner les conditions prévalant dans chaque pays au niveau de tous les secteurs et le rôle de dispositions *a priori* favorables (accès restreint aux emplois considérés trop dangereux ou trop pénibles) qui tendent en fait à freiner la participation des femmes à la population active. Ces problèmes ne seront pas résolus par une simple approche sectorielle mais exigent, au contraire, un engagement plus général à donner les mêmes chances de réussite aux hommes et aux femmes.

Tableau 5.3. **Les femmes ont-elles des droits égaux sur leur lieu de travail dans les pays et territoires MENA ?**

Heures de travail et restrictions du secteur	Égypte	Jordanie	Maroc	Cisjordanie et bande de Gaza	Tunisie	Yémen	Pourcentage de « non »
Les femmes qui ne sont ni enceintes ni allaitantes peuvent-elles exercer les mêmes emplois que les hommes ?	Non	Non	Non	Non	Non	Non	100%
Les femmes qui ne sont ni enceintes ni allaitantes peuvent-elles exercer les mêmes activités que les hommes ?							
Mines	Non	Non	Non	Non	Non	Oui	83%
Construction	Non	Non	Oui	Oui	Oui	Oui	33%
Métallurgie	Non	Non	Oui	Non	Non	Oui	67%
Travail en usine	Non	Non	Oui	Oui	Oui	Oui	33%
Emplois impliquant de lever des objets supérieurs à un certain poids	Non	Non	Oui	Oui	Oui	Oui	33%
Emplois considérés comme dangereux	Non	Oui	Non	Non	Oui	Non	67%
Emplois considérés comme pénibles	Non	Oui	Non	Non	Oui	Non	67%
Emplois considérés comme moralement inappropriés	Non	Oui	Oui	Oui	Oui	Non	33%
Les femmes qui ne sont ni enceintes ni allaitantes peuvent-elles avoir les mêmes horaires de travail que les hommes ?	Non	Non	Non	Non	Non	Non	100%
La loi impose-t-elle une égalité des rémunérations des hommes et des femmes pour un travail d'égale valeur ?	Non	Non	Oui	Non	Non	Non	83%
La loi impose-t-elle la non-discrimination sexuelle au moment du recrutement ?	Non	Non	Oui	Non	Non	Non	83%
Est-il illégal pour un recruteur de s'enquérir du statut familial lors d'un entretien d'embauche ?	Non	Non	Non	Non	Non	Non	100%
La loi prévient-elle ou sanctionne-t-elle le licenciement des femmes enceintes ?	Oui	Oui	Oui	Oui	Oui	Non	17%
Les employeurs doivent-ils affecter à des fonctions équivalentes les femmes qui reprennent leur emploi après un congé maternité ?	Non	Oui	Oui	Non	Non	Non	67%
Les employeurs sont-ils tenus d'autoriser les pauses pour les femmes allaitantes ?	Oui	Oui	Oui	Oui	Oui	Oui	100%
Les employés qui ont des enfants mineurs peuvent-ils prétendre à un emploi du temps flexible ou à temps partiel ?	Non	Non	Non	Non	Non	Non	100%
Pourcentage de « non »	88%	65%	41%	65%	53%	65%	63%

Source : Banque mondiale (2013), *Women, Business and the Law 2014: Removing Restrictions to Enhance Gender Equality*, Banque mondiale, Washington DC., http://wbl.worldbank.org/reports (consulté le 1er avril 2016).

La répartition traditionnelle des rôles entre hommes et femmes dissuade les jeunes femmes de se lancer dans une activité économique dans la plupart des pays et territoires MENA. Des indicateurs de l'équilibre entre vie professionnelle et vie de famille permettent de mesurer les droits dont bénéficient les femmes enceintes (horaires flexibles ou décalés) et qui inciteraient les jeunes femmes à entrer sur le marché du travail. Le tableau 5.4 énumère les dispositions prises dans les pays et territoires MENA étudiés ici, au Liban et dans certains pays du Golfe pour rendre la vie professionnelle plus flexible. Résultat, si certaines des exigences élémentaires formulées par l'OIT sont respectées, d'autres attentes sont plus rarement satisfaites. Tandis que les proches et les parents peuvent constituer une alternative à certains droits, l'absence de dispositions concrètes pour inciter les femmes à participer à la vie économique risque de perpétuer et d'enraciner la répartition traditionnelle des rôles entre les hommes et les femmes.

Tableau 5.4. **Mesures concernant l'équilibre vie professionnelle/vie privée dans une sélection de pays et territoires MENA pour les agents de la fonction publique centrale, 2014**

	Yémen	Égypte	Liban	Jordanie	Tunisie	Maroc	Bahreïn	Cisjordanie & bande de Gaza	Koweït	Émirats arabes unis
Mesures ciblant les femmes qui allaitent	x	x		x	x	x	x	x	x	x
Congé pour maladie d'un proche		x		x		x	x		x	x
Mesures spécifiques pour les femmes enceintes	x	x		x			x		x	x
Congé pour aide à parent âgé		x		x	x		x			x
Solutions d'emploi à temps partiel	x	x			x		x			x
Horaires de travail variables et congé épargne temps	x	x					x			x
Tolérance de l'employeur pour les soins aux enfants		x		x						x
Subventions pour les soins aux enfants		x				x				x
Horaire hebdomaire resserré ou adapté							x			x
Télétravail										x
Autres	x				x		x			x
Total	5	8	-	5	4	3	8	1	3	11

Source : OCDE/CAWTAR (2014), *Women in Public Life: Gender, Law and Policy in the Middle East and North Africa*, Éditions OCDE, Paris, http://dx.doi.org/10.1787/9789264224636-en.

Enfin, les initiatives visant à renforcer les partenariats entre entreprises, gouvernement et universités devraient intégrer ces considérations d'égalité hommes-femmes afin de faciliter la transition des femmes diplômées de l'université vers le monde du travail. Le document du Programme MENA-OCDE pour la compétitivité suggère que les femmes en quête d'emplois ou de conseils pour orienter leur carrière devraient bénéficier de services adaptés, au même titre que les jeunes femmes entrepreneurs, afin de se voir offrir des solutions alternatives à l'autodétermination économique.

Les obstacles à l'implication des jeunes femmes dans la vie publique

Les femmes dans les pays et territoires MENA étudiés sont confrontées à des obstacles importants pour faire entendre leur voix dans l'arène politique. Tandis que certaines organisations de la société civile sont des symboles de la participation des jeunes, et de jeunes femmes très engagées, ces exemples positifs ne parviennent pas à inverser une tendance générale à une nette sous-représentation des femmes dans les fonctions officielles et la vie publique en général. Comme dans les pays de l'OCDE, le rapport OCDE/CAWTAR 2014 constate que les inégalités entre les hommes et les femmes dans les pays et territoires MENA augmentent à mesure que l'individu progresse dans la hiérarchie fonctionnelle. L'écart (favorable aux hommes) dans les plus hautes fonctions publiques s'échelonne ainsi de 9 % en Tunisie jusqu'à 78 % en Cisjordanie et dans la bande de Gaza. Le fossé est encore plus profond dans le système judiciaire. Alors que les femmes sont nettement sous-représentées à la Cour suprême dans les pays de l'OCDE (28 %), les données disponibles pour les pays et territoires MENA sélectionnés révèlent que deux des 48 juges siégeant au tribunal constitutionnel sont des femmes (4 %) (Banque mondiale, s.d.)[7].

Même si la participation aux organes exécutifs joue un rôle moins important pour les jeunes femmes, qui manquent encore d'expérience professionnelle pour exercer de telles fonctions, l'absence des femmes aux postes de direction influe sur la perception générale du rôle des femmes, faute d'avoir des figures féminines de référence. Des données recueillies en Tunisie suggèrent que les jeunes femmes de la région MENA sont aussi moins susceptibles de voter ou d'adhérer à un parti politique (National Democratic Institute, 2012). Enfin, le graphique 5.7 montre que les femmes ont moins tendance que les hommes à s'impliquer dans une activité civique quelconque. Les gouvernements MENA doivent s'employer à lutter contre ce phénomène, l'absence des femmes en tant que citoyens actifs risquant de renforcer les programmes et les cadres institutionnels qui sont incapables de répondre à la spécificité de leurs attentes – malgré l'introduction de quotas volontaires dans les partis politiques et de sièges réservés aux femmes dans certains parlements des pays et territoires MENA.

Graphique 5.7. **Implication des jeunes hommes et femmes dans les activités civiques dans les pays et territoires MENA, 2012**

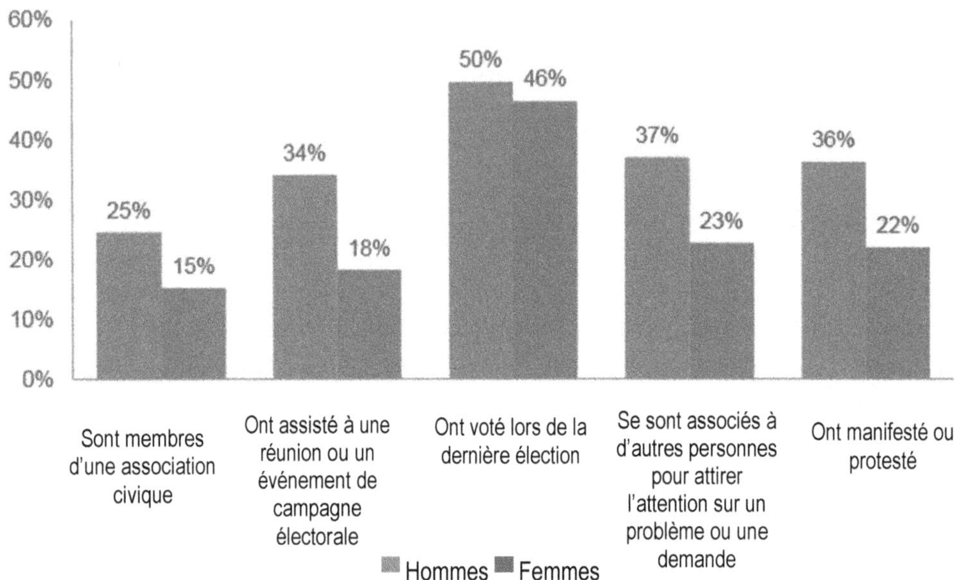

Source : Mercy Corps (2012), « Civic engagement of youth in the Middle East and North Africa : An analysis of key drivers and outcomes », mars, www.mercycorps.org/research-resources/civic-engagement-youth-middle-east-and-north-africa.

Nous l'avons vu, le retard pris par les femmes sur le plan de la participation à la vie économique et publique s'explique aussi par les normes traditionnelles et les stéréotypes qui considèrent que l'homme est le principal soutien de famille. Selon une étude du National Democratic Institute (2012), une majorité d'hommes préfèrent avoir un homme pour chef parce qu'ils refusent de recevoir des ordres d'une femme.

Recommandations

Les gouvernements des pays et territoires MENA peuvent aider les jeunes femmes à éliminer les doubles barrières que constituent leur appartenance sexuelle et leur âge, en actionnant les leviers suivants :

1. **Entreprendre une revue systématique de la législation pour supprimer toutes les formes de discrimination** qui persistent dans le système juridique et garantir une complète intégration des normes internationales en matière d'égalité des hommes-femmes dans le cadre législatif national, surtout celles qui concernent le développement des jeunes femmes.
2. **Réviser la réglementation existante du travail** afin de supprimer les dispositions qui dissuadent les jeunes femmes de postuler et renforcer les mesures facilitant la participation des femmes à la vie économique (dispositions permettant d'équilibrer la vie professionnelle et la vie privée par exemple).

3. **Intégrer les besoins spécifiques des jeunes femmes dans les stratégies nationales pour la jeunesse et les stratégies pour l'égalité hommes-femmes** afin qu'elles se renforcent mutuellement et garantissent la responsabilisation économique et politique des jeunes femmes.

4. **Réunir des données ventilées par sexe** afin de faciliter la prise de décisions informées, surtout dans le domaine des services publics essentiels, comme l'éducation, l'emploi et la santé.

5. **Accroître les possibilités pour les jeunes femmes et les organisations de défense des droits de la femme** de participer à toutes les sphères de la vie publique, y compris à travers un engagement civique, la participation à des organes représentatifs des jeunes et un soutien à celles qui veulent occuper des postes de direction.

Notes

1. Pour plus d'informations sur la confiance dans les pouvoirs publics, www.oecd.org/gov/trust-in-government.htm.

2. « La confiance des citoyens dans les institutions et leur propre avenir est l'un des atouts les plus précieux pour un pays : c'est la pierre angulaire d'une gouvernance efficace, le principal levier de la croissance économique et du progrès social », Secrétaire général de l'OCDE, conférence conjointe de l'OCDE et de Transparency International sur le lien entre l'intégrité et la restauration de la confiance des jeunes, 9 décembre 2013, Paris.

3. La Tunisie ressort au 79e rang, devant le Maroc (80e), l'Égypte (94e) et le Yémen (161e).

4. Sur la base des données fournies par l'International Budget Partnership, http://internationalbudget.org/opening-budgets/open-budget-initiative/ open-budget-survey/country-info/.

5. Pour en savoir plus, voir le travail de l'OCDE sur la jeunesse, www.oecd.org/youth.htm.

6. Dans ce rapport, la notion d'emploi informel désigne le nombre total de personnes dont le principal emploi est informel. Un emploi est informel lorsqu'il ne donne pas lieu à une protection sociale ou juridique, ou à des avantages sociaux, qu'il s'agisse d'un emploi dans le secteur formel, dans le secteur informel ou un emploi familial (OIT, 2012).

7. Calculé sur la base des données disponibles pour l'Égypte, la Jordanie, le Maroc, la Cisjordanie et la bande de Gaza et le Yémen.

Références

Afiouni, F., H. Ruël et R. Schuler (2014), « HRM in the Middle East: Toward a greater understanding », *The International Journal of Human Resource Management*, 25 :2, pp. 133-143, www.tandfonline.com/doi/pdf/10.1080/09585192.2013.826911 (consulté le 1er avril 2016).

Ahmed, et al., (2012), *Youth Unemployment in the MENA Region: Determinants and Challenges*, FMI, Washington DC, www.imf.org/external/np/vc/2012/061312.htm (consulté le 1er avril 2016).

Al Bawsala (2016), « Marsad Budget », http://budget.marsad.tn/fr/ (consulté le 2 avril 2016).

Angel-Urdinola, D.-F. et K. Tanabe (2012), *Micro-Determinants of Informal Employment in the Middle East and North Africa Region*, Banque mondiale, Washington DC.

Association tunisienne des contrôleurs publics (2015), *La petite corruption : un danger banalisé - Étude exploratoire sur la perception de la petite corruption en Tunisie*, http://atcp.org.tn/ (consulté le 1er avril 2016).

Banque mondiale (2014), *Economy Rankings database*, Doing Business - Measuring Business Regulations, www.doingbusiness.org/rankings (consulté le 1er avril 2016).

Banque mondiale (2013), *Women, Business and the Law 2014: Removing Restrictions to Enhance Gender Equality*, Banque mondiale, Washington DC, http://wbl.worldbank.org/~/media/fpdkm/wbl/Documents/Reports/2014/Women-Business-and-the-Law-2014-Key-Findings.pdf (consulté le 1er avril 2016).

Banque mondiale (2005), *Egypt Public Expenditure Review*, Policy Note 7, Capital investment in the education sector, www.mof.gov.eg/MOFGallerySource/English/policy-notes/Egypt%20PER-SchoolBuilding%20(7).pdf (consulté le 1er avril 2016).

Banque mondiale (s. d., a), *Workforce database*, Enterprise Surveys, www.enterprisesurveys.org/data/exploretopics/workforce#--7 (consulté le 1er avril 2016).

Banque mondiale (s. d., b), *Women, Business and the Law database*, Data. Going to Court, http://wbl.worldbank.org/data/exploretopics/going-to-court#judicial-representation (consulté le 1er avril 2016).

Banque mondiale (s. d., c), « Population de la ville la plus peuplée (% de population urbaine) », données de la Banque mondiale, http://donnees.banquemondiale.org/indicateur/en.urb.lcty.ur.zs (consulté le 1er avril 2016).

Banque mondiale (s. d., d), « Population urbaine (% du total) », données de la Banque mondiale, http://donnees.banquemondiale.org/indicateur/sp.urb.totl.in.zs.

Barsoum, G., M. Ramadan et M. Mostafa (2014), « Labour market transitions of young women and men in Egypt », *Work4Youth Publication Series*, n°16, juin, OIT, Genève.

Bergh, S.-I. (2014), « Decentralisation and local governance in the MENA region », www.tunisia.unisi.it/wp-content/uploads/sites/5/2014/07/Art.-Bergh.pdf.

City of Boston (s. d.), « Youth Lead the Change: Participatory Budgeting Boston », Division of Youth Engagement and Employment, www.boston.gov/departments/boston-centers-youth-families/youth-lead-change (consulté le 12 avril 2016).

Conseil de l'Europe (2013), *Charte européenne révisée sur la participation des jeunes à la vie locale et régionale*, https://rm.coe.int/168071b53c.

Commission européenne (2015), « Better Regulation Toolbox », http://ec.europa.eu/smart-regulation/guidelines/docs/br_toolbox_en.pdf (consulté le 12 avril 2016).

European Youth Capital (2016), « About », www.europeanyouthcapital.org/about/ (consulté le 12 avril 2016).

Forum économique mondial (2012), « Addressing the 100 million youth challenge - Perspectives on youth employment in the Arab world in 2012 », www.weforum.org/reports/addressing-100-million-youth-challenge.

Freund, C. et B. Rijkers (2012), « Employment miracles », document présenté lors de l'atelier de la 13e Conférence de recherche annuelle Jacques Polak, Fonds monétaire international, Washington DC, 8-9 novembre, www.imf.org/external/np/res/seminars/2012/arc/pdf/FR.pdf.

Gilman, H.-R. (2014), « What happened when the City of Boston asked teenagers for help with the budget », 26 juin, https://nextcity.org/daily/entry/boston-young-people-participatory-budgeting-winners-youth-lead-change (consulté le 1er avril 2016).

Government of Hong Kong (n.d.), www.budget.gov.hk/2010/chi/flip/main.html (consulté le 12 avril 2016).

Independent Commission against Corruption of Hong Kong (n.d.), « ïTeen Camp », www.iteencamp.icac.hk/EngIntro/Shows (consulté le 12 avril 2016).

International Budget Partnership (n.d.), « Results by country », http://internationalbudget.org/opening-budgets/open-budget-initiative/open-budgetsurvey/country-info/ (consulté le 1er avril 2016).

Koordinatti (n.d.), « Development Centre of Youth Information and Counselling », www.koordinaatti.fi/sites/default/files/koordinaatti-and-initiative-channel.pdf (consulté le 10 avril 2016).

Mercy Corps (2012), « Civic engagement of youth in the Middle East and North Africa: An analysis of key drivers and outcomes », mars, www.mercycorps.org/research-resources/civic-engagement-youth-middle-east-and-north-africa.

Naser, T.-B. (2014), *La démocratie participative : et si les municipalités s'y mettaient vraiment ?*, 17 novembre, http://nawaat.org/portail/2014/11/17/la-democratie-participative-et-si-les-municipalites-sy-mettaient-vraiment/ (consulté le 1er avril 2016).

National Democratic Institute (2012), *Women's Political Participation in Tunisia after the Revolution. Findings From Focus Groups in Tunisia*, www.ndi.org/files/womens-political-participation-Tunisia-FG-2012-ENG.pdf (consulté le 1er avril 2016).

Nuortenideat (2016), www.nuortenideat.fi/fi/ (consulté le 10 avril 2016).

Observatoire national de l'emploi et des qualifications (2014), « Transition vers le marché du travail des jeunes femmes et hommes en Tunisie », *Work4Youth Publication Series*, n°15, juin, OIT, Genève.

Observatoire national de la jeunesse (n.d.), « Projet AGORA débat de la ville », www.onj.nat.tn/index.php/fr/projets/projet-agora-debat-de-la-ville (consulté le 1er avril 2016).

OCDE (à paraître), « Towards better public governance: Performance-based budgeting ».

OCDE (2015), « Lutter contre le chômage des jeunes dans la région MENA », présentation résumant les principales conclusions, www.oecd.org/mena/investment/PPT_website.pdf (consulté le 1er avril 2016).

OCDE (2013a), « Strengthening Fiscal Transparency for Better Public Governance in Tunisia », www.oecd.org/gov/budgeting/t4%20-mena%20sbo%202013%20-%20documents%20session%201.pdf.

OCDE (2013b), *Regulatory Reform in the Middle East and North Africa: Implementing Regulatory Policy Principles to Foster Inclusive Growth*, Éditions OCDE, Paris, http://dx.doi.org/10.1787/9789264204553-en.

OCDE (2013c), *OECD e-Government Studies: Egypt 2012*, Éditions OCDE, Paris, http://dx.doi.org/10.1787/9789264178786-en.

OCDE (2012), « Recommandation du Conseil concernant la politique et la gouvernance réglementaires », www.oecd.org/fr/gouvernance/politique-reglementaire/Recommendation%20with%20cover%20FR.pdf.

OCDE (2009), « Regional Charter for Regulatory Quality », www.oecd.org/mena/governance/45187832.pdf.

OCDE (s. d., a), « Trust in government », www.oecd.org/gov/trust-in-government.htm (consulté le 1er avril 2016).

OCDE (s. d., b), « OECD work on youth », www.oecd.org/youth.htm (consulté le 1er avril 2016).

OCDE/CAWTAR (2014), *Women in Public Life: Gender, Law and Policy in the Middle East and North Africa*, Éditions OCDE, Paris, http://dx.doi.org/10.1787/9789264224636-en.

OCDE CleanGovBiz (2013), « Scan d'intégrité : Tunisie », www.oecd.org/cleangovbiz/Tunisia-Integrity-ScanFR.pdf.

OIT (Organisation internationale du travail) (2012), « Statistical update on employment in the informal economy », Direction de la statistique, juin, http://www.ilo.org/ilostat/faces/ilostat-home?locale=fr&_afrLoop=245935309806803#!%40%40%3Flocale%3Dfr%26_afrLoop%3D245935309806803%26_adf.ctrl-state%3Dll4vqa8da_33 (consulté le 1er avril 2016).

ONU Habitat (2012), *The State of Arab Cities 2012 - Challenges of Urban Transition*, Regional Cities Reports, http://unhabitat.org/books/the-state-of-arab-cities-2012-challenges-of-urban-transition/ (consulté le 1er avril 2016).

O'Sullivan, A., M.-E. Rey et J. Galvez Mendey (2013), « Opportunities and challenges in the MENA region », www.oecd.org/mena/49036903.pdf (consulté le 1er avril 2016).

Partenariat pour le gouvernement ouvert (2015), *Finland Open Government Action Plan 2015-2017*, www.opengovpartnership.org/sites/default/files/OGP_Action_Plan_Finland-2015_2017.pdf (consulté le 1er avril 2016).

Partenariat pour le gouvernement ouvert (s. d.), « Jordan », www.opengovpartnership.org/countries/jordan (consulté le 1er avril 2016).

Rabbaa, N. (2015), « Mustapha El Mnasfi : 'Au Maroc, on exclut les jeunes des décisions' », *Jeune Afrique*, www.jeuneafrique.com/mag/252810/politique/mustapha-el-mnasfi-au-maroc-on-exclut-les-jeunes-des-decisions/ (consulté le 1er avril 2016).

Refstie, H. (2012), « Youth: The face of urbanisation », *Sharing Knowledge and Learning from Cities (CIVIS)*, n° 6, janvier, www.academia.edu/27700047/Youth_the_face_of_urbanization (consulté le 1er avril 2016).

Schauer, K. et Susanne K. (2012), « Selected international good practices in youth participation at the local level" » IJAB and Fachstelle für Internationale Jugendarbeit der Bundesrepublik Deutschland e.V., www.ijab.de/uploads/tx_ttproducts/datasheet/Youth_Participation_at_local_level.pdf (consulté le 1er avril 2016).

SIDA (Agence suédoise de coopération internationale pour le développement) (2012), « Public financial management for the rights of children and young people », www.sida.se/contentassets/dfa19bd6efc84f25800edaa90590008e/public-financial-management-for-the-rights-of-children-and-young-people_3224.pdf (consulté le 1er avril 2016).

Transparency International (2014a), *Corruption Perceptions Index 2014*, www.transparency.org/cpi2014/results (consulté le 10 avril 2016).

Transparency International (2014b), « Anti-corruption kit: 15 ideas for young activists », http://issuu.com/transparencyinternational/docs/2014_anticorruptionkit_youth__en ?e =2496456/8912943 (consulté le 2 avril 2016).

United Cities and Local Governments (2013), « Executive summary », *Basic Services for All in an Urbanizing World*, Third Global Report on Local Democracy and Decentralization GOLD III, www.uclg.org/sites/default/files/re_gold_eng.pdf (consulté le 1er avril 2016).

Wally, N. (2012), « Youth, skills and productive work analysis report on the Middle East and North Africa region », document de contexte, *Education for All Global Monitoring Report*, UNESCO, http://unesdoc.unesco.org/images/0021/002185/218523e.pdf (consulté le 1er avril 2016).

ORGANISATION DE COOPÉRATION ET DE DÉVELOPPEMENT ÉCONOMIQUES

L'OCDE est un forum unique en son genre où les gouvernements oeuvrent ensemble pour relever les défis économiques, sociaux et environnementaux que pose la mondialisation. L'OCDE est aussi à l'avant-garde des efforts entrepris pour comprendre les évolutions du monde actuel et les préoccupations qu'elles font naître. Elle aide les gouvernements à faire face à des situations nouvelles en examinant des thèmes tels que le gouvernement d'entreprise, l'économie de l'information et les défis posés par le vieillissement de la population. L'Organisation offre aux gouvernements un cadre leur permettant de comparer leurs expériences en matière de politiques, de chercher des réponses à des problèmes communs, d'identifier les bonnes pratiques et de travailler à la coordination des politiques nationales et internationales.

Les pays membres de l'OCDE sont : l'Allemagne, l'Australie, l'Autriche, la Belgique, le Canada, le Chili, la Corée, le Danemark, l'Espagne, l'Estonie, les États-Unis, la Finlande, la France, la Grèce, la Hongrie, l'Irlande, l'Islande, Israël, l'Italie, le Japon, la Lettonie, le Luxembourg, le Mexique, la Norvège, la Nouvelle-Zélande, les Pays-Bas, la Pologne, le Portugal, la République slovaque, la République tchèque, le Royaume-Uni, la Slovénie, la Suède, la Suisse et la Turquie. La Commission européenne participe aux travaux de l'OCDE.

Les Éditions OCDE assurent une large diffusion aux travaux de l'Organisation. Ces derniers comprennent les résultats de l'activité de collecte de statistiques, les travaux de recherche menés sur des questions économiques, sociales et environnementales, ainsi que les conventions, les principes directeurs et les modèles développés par les pays membres.

ÉDITIONS OCDE, 2, rue André-Pascal, 75775 PARIS CEDEX 16
(42 2016 35 2 P) ISBN 978-92-64-27871-4 – 2017

www.ingramcontent.com/pod-product-compliance
Lightning Source LLC
LaVergne TN
LVHW081409110826
845149LV00010B/1674